英语教学
及其与多元文化的融合创新

杨 楠 著

中国华侨出版社
·北京·

图书在版编目（CIP）数据

英语教学及其与多元文化的融合创新 / 杨楠著.
北京：中国华侨出版社，2024. 12. -- ISBN 978-7
-5113-9259-6

Ⅰ . H319.3

中国国家版本馆CIP数据核字第2024KX6388号

英语教学及其与多元文化的融合创新

著　　者：杨　楠
责任编辑：刘继秀
封面设计：古　利
经　　销：新华书店
开　　本：787毫米×1092毫米　　1/16开　　印张：11　　字数：180千字
印　　刷：河北浩润印刷有限公司
版　　次：2025年1月第1版
印　　次：2025年1月第1次印刷
书　　号：ISBN 978-7-5113-9259-6
定　　价：58.00元

中国华侨出版社　北京市朝阳区西坝河东里77号楼底商5号　邮编：100028
发行部：（010）69580861　　传　真：（010）69580861

如发现印装质量问题，影响阅读，请与印刷厂联系调换。

前言

在当今全球化的时代，英语教学已经成为跨越国界、连接不同文化的桥梁。随着社会的快速发展和交流的加深，传统的英语教学方式已经不再适用于满足日益多样化的学习需求。因此，将英语教学与多元文化相结合，探索创新的教学方法和策略显得尤为重要。在如今的教育环境中，学生们可能来自不同的文化背景，拥有各种各样的生活经历和认知方式。将多元文化融入英语教学，可以帮助学生更好地理解世界，提升跨文化交流能力，培养尊重和包容的态度。同时，英语教学应该注重培养学生的跨文化意识，帮助他们理解不同文化间的差异和共通之处，使其学会在跨文化交流中保持尊重和包容。此外，英语教师不仅要具备扎实的语言教学知识，还需要具备跨文化教育的理念与方法，应该成为学生的引导者和榜样，引导学生走向跨文化交流的道路，并且在教学实践中不断探索和创新，不断提升自己的教学水平。

本书深入剖析多元文化教育的理论背景，并揭示其与英语教学之间的内在联系，旨在系统地研究将多元文化教育理念融入英语教学的方法与实践，培养具备跨文化交际能力的全球化人才。通过丰富的案例分析，详细展示如何在英语教学实践中巧妙融入多元文化元素，以促进学生的全面发展。

本书既具有理论的系统性和深度，又具有实践的实用性和可操作性。读者通过学习本书，能够全面深入地了解英语教学与多元文化的融合，从而在理论层面上奠定坚实的知识基础，并更好地认识英语教学实践。我们期望本书的出版能够激发读者和相关从业者的创新思维和创新精神，为英语教学实践提供更科学、更多元的参考，同时为推动培养具备跨文化交际能力的全球化人才做出贡献。

目录

第一章 英语教学体系与多元文化的理论审视
- 第一节 英语教学与多元文化的具体认知 ... 1
- 第二节 多元文化对英语教学的主要影响 ... 29
- 第三节 多元文化对英语教学的重要启示 ... 33
- 第四节 多元文化视域下英语教学发展趋势 ... 35

第二章 英语教学主体及其与多元文化的融合创新
- 第一节 学生及其与多元文化的融合 ... 37
- 第二节 教师及其与多元文化的融合 ... 38
- 第三节 多元文化视域下的师生关系 ... 39

第三章 英语知识教学及其与多元文化的融合创新
- 第一节 英语语音教学及其与多元文化的融合 ... 41
- 第二节 英语词汇教学及其与多元文化的融合 ... 47
- 第三节 英语语法教学及其与多元文化的融合 ... 56

第四章 英语听力教学及其与多元文化的融合创新
- 第一节 英语听力教学的目标与内容分析 ... 61
- 第二节 英语听力教学的现状与策略解读 ... 64
- 第三节 基于多元文化的英语听力教学革新 ... 69

第五章 英语口语教学及其与多元文化的融合创新
- 第一节 英语口语教学的目标与基本特征 ... 72
- 第二节 英语口语教学的现状与方法运用 ... 75
- 第三节 多元文化视域下英语口语教学构建 ... 78

第六章　英语阅读教学及其与多元文化的融合创新

　　第一节　英语阅读教学的特征与内容分析 …………………………… 81

　　第二节　英语阅读教学的目标与方法运用 …………………………… 83

　　第三节　多元文化下的英语阅读教学延展 …………………………… 100

第七章　英语写作教学及其与多元文化的融合创新

　　第一节　英语写作教学的目标与现状探究 …………………………… 106

　　第二节　英语写作教学的内容与特征表现 …………………………… 110

　　第三节　基于多元文化的英语写作教学实践 ………………………… 113

第八章　英语翻译教学及其与多元文化的融合创新

　　第一节　英语翻译的方法与教学特征解读 …………………………… 117

　　第二节　多元文化视角下的英语翻译实践 …………………………… 132

　　第三节　多元文化视域下的英语翻译教学研究 ……………………… 160

结束语

参考文献

第一章　英语教学体系与多元文化的理论审视

在当今全球化的时代，英语教学并非只是单纯地传授语言技能，它与多元文化的交融密不可分。本章聚焦于对英语教学体系与多元文化的理论审视，内容涵盖英语教学与多元文化的具体认知、多元文化对英语教学的主要影响、多元文化对英语教学的重要启示、多元文化视域下英语教学发展趋势四个部分。

第一节　英语教学与多元文化的具体认知

一、英语教学的认知

(一) 英语教学的思路

在英语教学活动中，教师要有清晰的思路，合理有效地安排教学活动，依据英语教学的共同规律，完成教学任务，这样才能对英语教学活动的实践具有指导意义。

1. 坚持以学生为中心开展教学活动

坚持以学生为中心就要求英语教师要从三个方面着手：英语教材解析、英语教学方法和手段的选择、英语教学活动的设计与组织。

(1) 英语教材解析要以学生为中心。教师需要细致分析学生在不同学习阶段的能力和实际情境，同时结合学生对教材内容的理解程度，进行心理学和最佳实践原则的加工处理，以融合学生的经验与体验于教材教学活动之中。

(2) 英语教学方法和手段的选择要以学生为中心。在教学过程中，教师应以学生为中心，通过灵活多样的教学手段来激发学生的参与度，提高学生学习的积极性，使其真正能够感受和理解语言，积极主动地参与课堂学习。

(3) 英语教学活动的设计与组织要以学生为中心。教师在准备与设计教学活动时，应当充分了解学生的情况、知识结构的层次、学习动机及学习兴趣的状态，以确保教学活动有目标地、形式多样地、内容全面地进行，在提高学生学习的积极性的基础之上，使教学目标能够顺利实现。

2.提高学生英语学习兴趣

在英语教学活动中,教师应充分调动学生学习英语的积极性,让学生对英语产生兴趣,教师应从以下三个方面着手进行。

(1)英语教师在教学活动中应该了解学生的特点,发挥学生的主体性。教师在英语教学的过程中应遵循语言学习的规律,采用灵活多样的教学方法,根据学生的个性差异和特点,培养学生的英语学习兴趣。

(2)英语教师在英语教学活动中,应注意观察学生,对其进行学习评价,帮助他们获取感兴趣的学习方法。教师应以提高学生的综合素质为前提,鼓励学生参与课堂、调动学生的积极性,进而提升学生的语言交流能力。

(3)英语深度挖掘教材。教师在进行教学活动前,应对教材有一个整体把握,认真研读、挖掘教材,从中找到学生感兴趣的内容来调动其积极性,使每节课均能保持一种轻松愉快的氛围。

(二)英语教学的原则

1.英语教学的兴趣性原则

在英语教学中,学生的兴趣点至关重要,教师应当积极借鉴其他优秀的教学方法,以唤起学生的情感,激发其对英语学习的积极性。这样一来,学生更愿意主动投入英语学习中。调动学生的学习兴趣可以通过以下两种方法实现。

(1)尊重学生主体。英语课堂的主体是学生,只有学生主动、自觉地进行英语学习,英语教学才能取得不错的效果,学生的英语学习能力才能有所提升。基于此,英语教师要在总结学生生理与心理特点的基础上,在剖析与遵循英语学习规律的前提下,采用多样的教学方法激发学生的兴趣,让学生主动学习,主动参与英语的实践活动,增强课堂互动性。

(2)深度挖掘教材。英语教材依然是教师开展教学活动的主要辅助性工具,教材中涉及丰富的、系统的知识,教师在备课过程中,需要将教材中可以引起学生学习兴趣的内容挖掘出来,这样,学生在学习时就能感受到无限乐趣,也就更加愿意主动学习。例如,教师可以为学生创设英语教学情境,将师生在日常生活中的问候对话搬到课堂上,使英语教学变得日常化。这些简单的、熟悉的对话能让学生产生共鸣,因此,当其再用英语进行表述时,畏难心理也会随之减少。所以,这种熟悉的场景中开展的英语对话,因其心态的放松,应用能力也随之会有一定的提高。

2.英语教学的系统性原则

英语教学本质上是一个复杂且多元的系统,涵盖诸多方面的内容。鉴于此,教师在其教学过程中必须深刻理解一点,即英语教学无法一蹴而就,需要循序渐进地展开。只有从整体视角出发，并在坚守系统性原则的基础上，才能确保英语教学的有序性和连贯性，进而提高教学质量。而要遵循系统性原则，教师就需要做到以下两个方面。

（1）系统安排教学内容。英语教学内容的安排并不是随意进行的，它需要教师按计划进行。教材的编排从一开始就确立了其系统性，编排者在总结教学规律与学生学习规律的前提下编排教材，为教师与学生提供了一个显明的结构层次，换言之，教师根据目录结构编排教学内容，本身就遵循了一定的教学规律。在英语教学过程中，教师对生词和新的语法，不用一次性全部讲解给学生，可以一步步，由浅入深，这其实也是系统性的体现。而教学内容的安排需要以教学的系统为指导，内容安排才会更加科学、合理。

（2）系统安排学生学习。学习活动虽然琐碎，但是若从宏观角度来看，我们可以发现，任何学习活动到最后都具有一定的系统性。因此，教师要帮助学生进行连贯性学习，让学生可以从系统的角度构建自己的英语知识结构体系。因为学生的学习意识与学习习惯的养成并不容易，这就需要教师一定要有恒心，无论课上课下都能对学生的学习做出恰当合理的安排。

3. 英语教学的灵活多样性原则

（1）教学模式灵活多样。信息技术的发展为英语教学模式创新提供了技术支持，多媒体教学、翻转课堂教学、移动课堂教学等新的教学模式不断涌现，让英语课堂变得更加生动有趣。基于信息技术的教学模式在一定程度上拓展了英语教学的空间，教师借助互联网可以收集到更多的教学资源。同时，这种教学模式还极大地改善了学生的学习情况，不仅丰富了学生的学习内容，最重要的是，还为学生提供了更加多样的学习方式。在互联网的支持下，学生的学习活动变得相对容易，教师利用互联网下载文字、音频、视频等资源，为学生营造一个多样化的学习环境，通过对学生进行多感官刺激，让其找到自己喜欢的学习方法，从而可以调动其英语学习的热情。在新的教学模式下，学生在学习活动中的角色也发生了显著变化，学生不仅是自身学习任务的设计者，同时也是学习活动的合作者与评估者。

（2）评价方式灵活多样。英语教学的评价方式不能单一化，而是要倡导多元评价，可以将不同的评价方式进行整合，以实现评价的最优化，如可以将形成性评价与总结性评价结合起来进行评价。评价也应该有所侧重，不能单纯地将英语基础理论知识作为评价的重点，要将文化知识及应用等相关内容纳入评价对象体系中。

需要注意的是，评价应该从多个层面展开，英语教师不是评价的唯一主体，学生也要参与评价，可以是自我评价，也可以是同伴之间的评价。学生之间的互评不仅能让学生通过他人的角度了解自己的学习情况，还能由此加强彼此之间的联系，增进同学间的情感与友谊。可见，多种多样的评价方式也有助于营造自由、和谐的学习氛围。

英语考核形式应避免过于固定和单一，可以将开卷、闭卷、笔试、面试等考试形式进行灵活组合应用。相较于笔试，面试则更能体现英语的实际应用特点，使教师与学生能够面对面地直接交流。然而，在实际评价过程中，教师往往较少采用这种评价方式。在选择具体的评价方式时，也应灵活多变，既可以让学生个人阐述，也可以组织小组讨论，甚至采取答辩的形式。无论采用何种方式，教师都应基于学生的实际情况，深入了解其学习状况和个人特点，从而选择最为合适的评价方式，以确保评价的科学性和合理性。通过多样化的评价方式，不仅可以全面评估学生的英语水平，还能激发其学习兴趣和积极性，从而可以提高英语教学质量。

（三）英语教学的方法

1.英语情境教学法

在英语教学中，"教师应充分利用生动、形象和具体的情境，引导学生在实践中应用英语语言知识，提高英语应用的能力"[①]。英语情境教学法的实施过程如下。

（1）背景设计。语言学习要在一定的社会文化背景（情境）中实现。学生会在所提供的社会文化背景下，将已经理解的知识和新的知识联系起来，进而使新旧知识得以融合。所以，英语教师在教学过程中，需要不断创造出所学语言的社会文化背景，引导学生积极参与和学习。与背景设计相联系的因素有：学习的任务、相关的范例、学生的自主学习设计、教师的引导、学习资源、学习工具等。

（2）意义构建。

第一，教学目标的剖析。在以意义建构新知识为中心的前提下，不同学习阶段所学习的内容都是由多个重要且极具特点的知识点组成，所以对学生学习的内容进行细致的剖析，以此来确定和完成学生所学内容的意义构建。

第二，自主学习策略的设计。自主学习策略是完成意义建构的基础。设计需要自主学习，同样，意义的建构也需要自主学习的策略设计。自主学习策略设计的目的是帮助学生选择有效的英语学习方式。

第三，协作式学习的设计。就同一问题，教师可以为学生提供几种不同观点，让学生进行充分讨论。不仅如此，协作式学习还可以培养学生之间的合作精神。

2.英语交际型教学法

英语交际型教学法的实施过程如下。

---

① 张秀萍.大学英语情境教学：认知理据、实施原则与设计实践[J].大学教育科学，2017(6)：64.

（1）设计交际活动。在交际型教学法的课堂环境中，教师应精心策划并设计一系列强调语言功能特点的交际活动。此举旨在激励学生充分运用已构建的目标语知识体系，以实现高效、有效的交际行为，从而顺利进行信息交换或解决具体问题。具备功能交际特征的活动形式丰富多样，包括但不限于描述活动、猜词游戏及简短对话等。通过这些活动的开展，不仅能够提升学生的语言运用能力，还能增强他们在真实语境中的交际信心与技巧。

（2）评价交际能力。对学生交际能力的评价是在设计完交际活动并由学生进行实践之后。学生总体交际能力的评价，是对功能与社会两种因素统一的评价。第一，对运用目标语得体性的评价；第二，对文化背景知识掌握的评价。教师将带有文化误解的交际场景呈现给学生时，可以同时考查和评价学生对文化背景知识的掌握。

（3）对约定俗成习俗掌握的评价。每一种语言都包含有大量固定语言形式和用法。在英语教学中，设计交际活动、评价交际能力及对约定俗成习俗掌握的评价是相互联系的。只有对这三个方面都了如指掌，才能有利于学生文化得体意识的培养，这恰好是交际能力的重要组成部分。

3.英语模块教学法

英语模块教学法能够丰富英语课程，实现课程的多样化。大学英语模块教学中的模块分类划分为知识模块、技能模块和拓展模块。以拓展模块为例，对模块教学方法进行分析。拓展模块主要是对学生的能力进行拓展，因此可以开展丰富多样的课程，具体可以包含以下五个模块。

（1）学术英语模块。

学术英语模块专注于培养学生在学术领域使用英语的能力。其内容包括学术论文写作、学术演讲、学术阅读和批判性思维等方面的技能。通过学习和实践，学生能够熟悉学术英语的规范和标准，提升自己在学术领域的英语交流能力。

（2）商务英语模块。

商务英语模块主要专注于商务沟通和职场英语的运用。学生要学习时事新闻、经济英语、商务谈判技巧、商务会议组织、信函写作、旅游英语等内容，以提高在商务环境中的英语沟通能力，这对于未来从事国际商务工作的学生来说尤为重要。

（3）文学与文化模块。

文学与文化模块旨在通过阅读和欣赏各国文学作品，深入了解不同国家的文化、历史、民俗、思维方式以及社交礼仪等。学生将接触到不同时期的文学作品，分析作品的主题、风格和语言特点，从而培养对文学的兴趣和鉴赏能力。同时，这也能够帮助学生更好地理解和运用英语。

(4) 跨文化交际模块。

跨文化交际模块注重培养学生的跨文化意识和交际能力。学生将学习不同文化背景下的交际规则、礼仪和习俗，通过模拟实践、角色扮演等活动，提高自己在不同文化环境中的适应能力和沟通能力。

(5) 自主学习与研究模块。

自主学习与研究模块强调学生的自主学习能力和研究能力。学生将学习如何制订学习计划、选择学习资源等。同时，他们还将学习如何进行英语研究，包括文献检索、数据分析、论文撰写等方面的技能。

(四) 英语教学的模式

1. 英语生态教学模式

(1) 英语生态教学模式设计。

英语生态教学模式的设计须建立在坚实的理论基础之上，这要求我们对行为主义、认知主义及建构主义等理论进行深入的分析与整合。同时，借鉴生态学原理，有助于更全面地理解和构建英语生态教学模式。

第一，英语生态教学的目标确立。确立教学目标首先明确的是教学要以谁为中心，现代教育理论认为教学应该以学生为中心，因此，对于英语生态教学而言，实现学生的可持续发展最终就成了英语生态教学的目标。我们不能单纯地将可持续发展看作一种事物发展的状态，它同时也是事物流动的过程，所以从这方面而言，它应该是极其和谐、稳定的。

从教育生态学层面出发，教师要全力维护教育的生态属性，对于学生，要爱护他们，鼓励他们激发自己的创造力，当学生在英语学习过程中犯错时，教师要以更加包容的心态对其进行耐心的指导。此外，教师要时刻提醒自己，每个学生个体都存在明显的差异，他们在学习上都有其自身存在的优势与不足，且经过长时间的学习经验积累，已经形成了相对稳定的学习习惯与风格，这就要求教师不能采取单一的评价标准评价他们，而应从学生的实际情况出发，积极探索新的教学评价方式。教师要公平地对待每一位学生，无论学生的成绩好坏与否，都要给予他们相同的学习机会以及同等的关注度。

存在于生态系统中的所有生物都需要与外界产生联系，而它们产生联系的方式是通过物质交换实现的，通过物质交换，它们可以始终与外界保持信息沟通、交流的流畅性。其实，学生的学习也并非静止不变，也是处于一种动态的变化中的，到了一定阶段，也需要更新。基于此，教师在教学过程中就不能以一种原有的固定目标要求学生，当学生的学习发生变化时，目标也应该跟着改变。英语教学活动不应该只关注学生考卷上的数字，而是要深入学生学习与生活的实际，关注他们的成长。教师要将教学与学生的生活联系起来，让教学日常化、生活化，这样就更能激发学生学习英语的积极性，也能使其真正了解英语在实际应用中的魅力。同时，英语生态教学还强调学生要主动去探索外部环境，这就要求教师在积极引导学生学习的过程中，也要鼓励学生进行自主学习，靠自己的能力完成自己的知识体系建构。

英语教师应致力于从日常教学实践中吸取经验，并主动探寻能够维系课堂生态平衡、契合学生学习需求的教学模式。值得注意的是，构建以学生需求为核心导向的生态教学模式，教师需要精心营造一个优越的英语学习环境，旨在让学生能够在轻松愉悦的氛围中开展英语学习活动。

第二，英语生态教学的内容确定。在确定英语生态教学的内容之前先明确生态教学的目标。大多数高校依然将学生的大学英语四级考试成绩和六级考试成绩作为评价标准，这也促使学生们在课下更努力地记词汇、做题，将全部心思都放在考试成绩上，而对于英语应用能力的获得却并不在意。从这里可以看出，英语教学要想取得新的进展，就必须做出改变，在英语生态教学中，教师不仅要向学生传递英语基础理论知识，还要引导学生参与英语实践活动，让他们在实践中锻炼自己的英语听力与口语能力，并最大限度地激发学生的英语学习积极性。培养学生综合应用能力的目标确立之后，依据目标就可以确立英语生态教学的内容，确立内容也是英语生态教学模式构建的重要环节之一。

教学内容设计也要遵循一定的原则，要能够实现学生的可持续发展，最大限度地挖掘学生的潜力。英语生态教学的内容与一般性的英语教学的内容有着许多相似之处，都包括英语语言知识与文化知识。英语是一种语言，生态英语教学内容当然要包括语音、词汇、语法等语言基础知识，又因为语言与文化联系密切，所以生态英语教学内容当然也要包括英语国家的风俗文化等知识。可见，在英语生态课堂上，学生不仅能学到基础的英语理论知识，还能了解西方文化，这对其英语学习是有利的。

第三，英语生态教学的课堂环境分析。英语教学的主要阵地依然是课堂，课堂环境的好坏在一定程度上与英语教学的质量息息相关。因此，从这个层面而言，要想提高英语教学的质量，英语教师就必须为学生构建一个良好的英语生态课堂环境。

首先，高校要优化教室环境。学生在英语课堂上学习英语需要注意力高度集中，教室中产生的任何噪声或者教室中一些不当的装饰品都会分散学生的注意力，进而引发焦虑心理，最终会影响学习效果。由此可知，环境对学习的影响是非常大的，这就要求高校要尽量为学生提供一个相对安静、舒服的教室。此外，学生还可以从环境中收获其他美好的品质，例如，教室里张贴的名人名言会让学生受到鼓舞，进而奋发向上。可见，对课堂进行必要的美化是能够对学生的英语学习产生一定影响的。此外，教室中的墙面或陈设颜色的不同对教学活动所产生的影响也是不同的。一般而言，浅色使人感觉更舒服，学生们完成了繁重的学习任务之后，需要放松，浅色的教室环境能使其尽快安静下来，进入休息状态，而暗色则易引起学生的兴奋感。因此，高校在布置教室时需要考虑学生的需求，应尽量选择浅色。

其次，对教师与学生的位置进行合理安排。合理的位置将有利于师生之间的沟通与交流。无论是教师还是学生都要认识到，教学是一个双向互动的过程。单纯的教师讲授或学生自主学习，均无法实现教学的有效性。唯有加强师生之间的互动与交流，方能确保英语教学的质量与效率。传统的教师座位安排并不合理，教师的座位在最前面，学生座位呈横列式与竖列式，两个位置被彻底割裂开来，尤其对于后面的学生而言，他们几乎无法听到教师的讲解，尽管现在多媒体设备已经走进各大高校课堂，但是其影响毕竟有限，后排学生在课堂上的收获依然弱于前排学生。因此，教师要根据教学需求选择可以移动桌椅的教室，例如，教师需要学生就某一问题展开讨论时，那么圆形或者椭圆形的位置形状更能满足学生讨论的需求，学生与学生也可以顺畅交流，同时，教师还可以从外侧或里侧跟每一位同学进行交流。

需要注意的是，虽然师生之间的交流非常重要，但班级规模的庞大又在一定程度上限制了这种交流。一些高校英语课堂规模庞大，百人以上的班级非常普遍，教师不可能兼顾每位学生，也不可能在课上与所有学生交流英语学习情况，这也使得教师无法准确掌握每位学生的学习动态。与大班相比，小班人数不多，教师有更多的精力了解学生，能与其进行频繁的互动和交流，不仅增强了学生的情感体验，更重要的是，由于教师可以与学生实现情感交流，学生学习英语的积极性也随之提高了。英语生态课堂的人数最好可以维持在30人左右，这个人数可以创造出有序的、高效的、生动的课堂环境。

第四，英语生态教学的评价体系。英语教学的实施及后续教师教学计划的制订都需要以一定的评价结果为标准，所以，一个科学的评价体系能够使英语生态教学得到进一步优化。英语生态教学评价体系摆脱了传统教学评价的单一性，将形成性评价与总结性评价结合起来，多样的评价形式使该体系与英语生态教学相匹配。评价体系不仅要评价学生的认知能力，还应对其情感与实践能力进行评价，也就是要对学生进行全面的评价。

在构建英语生态教学评价体系时，首先应重点关注学生英语综合能力的培养与评估，此评价体系应包含两个评价维度：一是学生的考试成绩，该指标能够反映学生对英语基础知识的掌握程度；二是学生的英语水平考试成绩，该考试旨在考查学生英语应用的实际能力，通过这一维度的评价，教师能够对学生英语使用的熟练程度和水平有更准确的把握。其次，应该构建一个具有弹性的教学系统。高校要允许不同性格、学习风格的学生制订不同的学习计划，让他们根据自己的情况找到适合自己的学习方法，允许差异性存在。最后，需要对学生进行全方位的测试。教师需要对学生进行日常课堂测验、单元测验与期末测验等，并将这些成绩保留下来，梳理学生的英语学习轨迹，只有清晰地掌握学生的英语学习情况，教师才能更好地把握后续的教学计划与设计。

(2) 英语生态教学模式构建策略。

第一，认识到位，做到思想先行。做任何一件事情，完成任何一项任务，都应该明确的是，对传统英语教学进行改革，构建一个充满生机活力、高能高效、常盛不衰的相对理想的英语生态教学系统，是整个高等教育改革，特别是教学改革的重要组成部分，是贯彻落实中华人民共和国教育部新一轮英语教学改革、培养大批英语综合应用能力强特别是听说能力强的高级专门人才的重要保证，也是高校本身加快教学改革和教学条件建设步伐，进一步改善教学环境和教学条件的迫切需要。要构建这个生态系统，就是要为英语教学提供更好的环境、更好的生态。高校重视英语生态教学系统的构建工作，需要注意以下四个方面。

一是投入精力。学校领导要把构建相对理想的英语生态教学系统提到学校议事日程上来，加强领导和统筹协调，花时间和精力对这个问题进行调查研究。听取有关部门、院系的意见，集中开会讨论研究，制定规划，拿出方案，采取具体措施，解决实际问题，加快建设步伐。学校教学部门及相关部门、各院系特别是外国语学院，也应按照学校的统一要求，根据各自的职能和实际情况，花时间和精力积极主动做好相应的工作。

二是投入人力。建设这样一个英语生态教学系统，关键在领导，关键在人。学校要有专门的领导主管这项工作，并确定主抓的处室和单位，最好能有专门的班子处理有关问题。同时，要善于调动广大教职工和学生主动参与的积极性，使他们的聪明才智得以真正发挥。

三是投入物力。建设这个生态系统必须有足够的、高质量的物质条件作保障，特别是大量的先进设施装备。同时，还需要有数量足够多的教室、实验室、实习实训基地，而且这些设施条件要好，智能化程度要高。

四是投入财力。生态系统的建设需要财力的支撑，队伍建设、环境条件建设、教材建设都涉及资金，学校领导、财务部门要舍得在这方面花钱，加大资金投入，保证各项建设的高水平、高质量。

第二，以建设目标为中心，制订建设计划。构建一个相对理想的英语生态教学系统旨在实现以下目标：确立正确的运作方向与规则，并辅以灵活且高效的运行机制；同时，具备严密的结构层次与自由、开放的发展空间；能稳定且有序地遵循既定规则运行，具备自我调节与控制能力，能够弃旧革新，确保其可持续发展。通过这样的设计，教学系统将充满生机与活力，实现高效与高能，并保持持久的繁荣。因此，英语生态教学系统的建设及其相关计划必须以此为核心目标进行统筹规划与实施。

在确定建设目标的前提下，还需要制订建设计划。一是明确各项建设任务，即要开展哪些工作，设定哪些项目，并对项目进行科学的可行性论证，以保证项目的实用和必要。这些建设任务和项目，实际上就是构成系统的要素或因子，高校务必高度重视、精心选择。二是明确这些工作和项目由谁来承担，如何组织实施，也就是要明确责任人的任务和具体职责。三是明确建设步骤，是全面部署、分步实施，还是全面部署、全面展开。四是明确条件保障，即开展这些工作所需要的人、财、物能否及时到位。五是无论采用何种步骤和办法，均应明确工作进度和时间表，即这些建设任务在确保质量和安全的前提下何时完成、何时投入实际使用。六是实行强有力的工作督查和质量监管，以保证各项工作任务的有效完成和各个建设项目的质量合格。

第三，采取有效措施，具体实施建设工作。在建设计划明确之后，紧接着的任务就是采取各种切实有效的措施，具体实施各项建设工作。主要表现在以下五个方面。

一是高校领导，特别是分管校领导要意识到自己肩负的使命和责任，靠前指挥，加强组织协调，并积极到基层了解情况，进行调研、听取意见，统筹做好全局工作安排。

二是牵头的工作部门（单位）和工作专班要切实负起责任，协同相关部门和单位，有效发挥牵头作用，解决建设中的实际困难和问题。专班要专、要实，全力以赴协助牵头部门做好日常工作，要注意把握工作的进度和建设质量，深入建设第一线，深入现场实地，及时了解各项建设工作的进展状况，发现问题迅速反应、迅速解决，同时还要注意总结经验和教训。

三是外国语学院既是教学机构，又是参与建设的主要力量之一，还是做好建设工作的重要参谋，因而在整个建设过程中，其必须发挥骨干作用。培养目标和教学计划如何制订，教材如何选用和补充，教学内容、教学方法如何改革，现代先进的教学设备设施如何选配，教学空间和实验实训场地如何建设完善，班级的教学民主氛围如何形成，等等，这些任务都应该由外国语学院主动承担。

四是充分发挥教师和学生的作用。教师是教学中的主导，他们对于目前英语教学中积极抑或消极、值得肯定还是应当否定、哪些应放弃和废止、哪些要坚持和发扬、哪些方面需要改革和创新，都是非常清楚的，有着无可争议的发言权。学校领导需要重视并听取他们的意见、建议，理应参与其中，因为其作用是不可替代的。

五是要积极争取上级教育行政部门和其他有关部门的支持，既包括财力、物力的支持，也包括工作指导和政策支持。同时，要善于利用好高校所拥有的国家经济、社会、文化、科技、教育等各方面的良好资源，提振师生员工的精神情感和信心；同时还要善于利用高校所处城市的各种与英语教育教学有关的机构、设施、场所及有关外事活动，丰富和完善英语生态教学系统。

2. 英语互动式教学模式

借助互联网技术，教师与学生能够实现实时互动，这种新型教学模式下，有效互动成为提升教学绩效的关键因素之一。"互动"这一概念源于社会心理学，它指的是人与人之间情感交流的过程，可以发生在两人或多人之间，交流的信息对参与各方均能产生深远影响。值得注意的是，有效的互动必须围绕共同感兴趣的主题展开，以确保达到最佳效果。

英语教学经过较长的发展时间，已经形成了相对完善的理论体系。当前，较常用的一个教学理论就是交际英语教学理论，该理论的核心强调的是交际能力的培养必须具备"互动"这一性质。如果对交际进行深层次内涵挖掘，就会发现，其关键就在于互动，这一方式能将交际双方所交际的内容全部展现出来。

所以，英语互动式教学是一种既重视教师与学生之间的互动，同时也关注学生与学生之间的互动，以及学生与教学中介互动的新的教学方法，该方法能够在最大程度上推动英语教学的进程，增强英语教学的效果。在运用这一教学方法时，需要创设一个良好的教学环境，引导学生自觉地对问题进行探究。

英语互动式教学能够有效地将教学活动与学习活动结合起来，使二者融为一体，教师与学生既互为主体，又互为客体。由于二者进行的均是良性互动，学生不仅掌握了英语理论知识，同时也丰富了文化知识，既发展智力，又可以陶冶情操。这样的教学是教师与学生的双向互动过程，因此，若想取得很好的教学效果，二者缺一不可，换言之，既要调动教师教学的积极性，也要调动学生学习的积极性。

将互动式教学融入英语教学中，可以发挥出三个方面的作用：一是能提高英语教学的质量，培养学生的综合应用能力；二是能够极大地丰富英语教学研究的内容体系；三是对英语教学方法体系的有效补充，更重要的是，英语教师在实际教学中可以通过这一方法，拉近与学生之间的情感距离。

（1）英语互动式教学的主要特性。

第一，明确的目的性。英语互动式教学的实施是以社会语言学为理论基础，换言之，语言虽然是用来进行学习活动的工具，但这并不意味着语言就是所有学习的重点。人们进行外语学习，其目的是满足两种主要的社会活动需要：一种是需要借助其他语言完成某项社会任务的需要；另一种是利用本族语言无法获得自己想要的信息的需要。从这方面而言，我们就不能将英语教学的目的单纯地看作应付考试。因此，在英语教学中，教师必须清楚地认识到词汇、语法、阅读等基础教学固然重要，但是培养学生的英语综合应用能力也同样重要，只有学生具备较高的英语应用能力，其才能更好地完成社会任务。

第二，过程的互动性。教师与学生之间的互动层面是多方面的，既包括身体与心理的互动，也包括情感等其他更深层的互动。英语互动式课堂往往充满着大量信息，导致学生需要花费比以往更多的时间来操练英语，在这种情形下，教师讲话的时间自然也就减少了。在具体的教学过程中，教师可以为学生创设语言交际情境，语言交际情境要比教师直接讲授的效果更好一些，教师可利用多媒体设备、直观教具等为学生创设情境，再加上生动的语言和动作，就能最大限度地吸引学生的注意力，使他们可以全身心地投入英语学习中。学生参与情境活动时，教师并不是一个"看客"，当学生在情境中遇到问题时，教师应跟学生进行交流互动，了解学生的问题所在，并提出相关建议。在教师的反馈意见中，学生能认识到自己的不足，找到解决问题的方法。

第三，组织形式的多样性。一是真实情境——真实的语言交际环境。教师可以鼓励学生到一些外国游客喜欢去的旅游景点担任义务导游，由此不仅有了与外国游客用英语进行交流的机会，进而还能宣传中国文化。此外，教师还可以邀请一些外国教师给学生上课，或者是举办一些以英语为主题的晚会，在放松身心的同时也锻炼了英语口语能力。在真情实感的情境中，教师与学生也能更好地互动，学生与学生之间也能增进了解，更重要的是，可以增强学生学习英语的自信心。

二是模拟的语言交际情境。除了向学生提供一些自然情境，教师还可以通过一些方式为学生创设模拟情境。现在是信息社会，以信息技术为支撑的多媒体设备已经开始走进课堂，教师可以充分利用它们为学生创设直观模拟情境，给予学生强烈的感官刺激，让学生通过真实的英语对话音频、视频提升自己的英语能力。

三是教师还可以引入角色扮演活动。这是一种富有创意且引人入胜的教学形式。在角色扮演的过程中，学生需要深入思考角色的性格特征，进而在运用英语表达时更加审慎地考虑词汇选择和语法应用。通过这种教学方式，学生的英语应用能力能够得到显著提升。

第四，内容的广泛性。英语互动式教学中，教师不再是课堂的唯一"主角"，在师生的频繁互动中，教师与学生都是课堂的"主角"，他们在课堂上交流信息，共同进步。教师在进行英语教学内容设计时，不能将内容局限于教材范围之内，因为对于有些学生而言，教材上的知识过于浅显，这时教师就需要加大输入量，不断拓展教学内容的范围。

第五，方法的灵活性。英语互动式教学有许多的方法可供选择，因为这一形式不仅以交际教学为理论基础，而且融合了其他一些比较优秀的教学法流派的经验。

总之，在具体的英语教学中，采用怎样的方法，侧重怎样的内容，教师可以根据课堂实际情况进行选择。

(2) 英语互动式教学模式的实施程序。

第一，营造教学语境。在传统英语课堂上，教师的主要任务就是将教材上的知识全都传授给学生。教师虽然尽可能地将课堂时间实现了利用最大化，但是学生在课堂上的参与感并不强，其始终无法真正提起对英语学习的兴趣，那么教师应该采取怎样的方法培养学生兴趣，就变得非常重要。教师应根据教学目标与教学内容的要求为学生创设一个良好的求知情境。通过情境反映问题将会使问题变得更加生动，在情境中学生可以进行角色扮演，角色扮演的过程就是学生与学生进行互动交流的过程，学生在互动中不断培养自己的英语思维。

此外，情境并不是仅仅存在于学生与学生之间的互动，教师与学生之间的互动也是存在的，教师的主要作用就是引导学生的学习思路，使学生产生一定要达成目标的心理倾向，从而激发其自觉主动学习的欲望。

第二，学生自主学习。在传统的英语教学中，教师扮演着课堂主导者的角色，而学生则处于一种被动接受知识的状态。换句话说，学生在学习过程中缺乏足够的主动性和积极性。然而，学习应为学生的核心职责，是其基本义务，而教师应该是辅导和辅助的角色。鉴于此，教师需认识到培养学生自主学习能力在英语学习中的重要性，并在教学实践中注重培育学生的自主学习技能。而在互动式教学中，培养学生的自主学习能力恰恰是其必要的环节之一，互动式教学认为教师应该给学生留出足够的学习时间，多给予学生自主学习的机会，让学生自己去思考、探究问题。

学生自主进行探究，是对新知识与旧知识的整合，是对英语学科知识与其他学科知识的整合，通过不同知识间的认知冲突与矛盾，学生可以提高从不同角度看待问题的能力，从而使其能够真正独立自主地完成学习活动。但需要注意的是，在学生自主学习过程中，教师应该鼓励学生表达自己的观点，即使学生的观点有误，教师也不应该立即阻止他们，而是让他们继续下去，待观点表达之后，才可以去纠正学生的错误，这样做的目的是保持学生思路的连贯性，维护学生的自信心与自尊心。

第三，学生合作学习。学生自主学习过程中蕴含着教师与学生的互动，而在合作学习中则蕴含着学生与学生之间的互动。教师可以对学生进行分组，使其以小组的形式实现合作学习。合作学习的实现基础是学生的自主学习，每一个学生的自主学习共同构成了合作学习，因此，合作学习是一种主要存在于学生之间的互动活动。具体而言，教师需要先分析学生的学习情况，然后制定讨论的主题，明确讨论的要求和目标，最后让学生以小组为单位进行讨论。当然，学生与学生所进行的讨论必然是各自发表观点的过程，在这一过程中，有问题的学生提出问题，能解答的学生给予解答，在一问一答的互动交流中，问题也就自然而然地解决了。不过，需要明确的是，学生与学生的互动并不是合作学习的唯一互动形式，教师与学生的互动也在其中。学生在组内讨论过程中肯定会遇到一些问题，当学生无法解决时，教师就可以主动参与其中，向学生提供思路与建议，这是对学生的一种启发与引导，通过教师的引导，学生可以更好地完成小组任务。

在小组讨论结束后，各组需向全班展示其讨论成果。这些成果中，可能会有突出的表现，也可能会有一般的表现。作为教师，应秉持公正的态度，对每一个小组一视同仁。对于能力稍显不足的小组，教师应积极鼓励，增强他们的自信心；对于表现优异的小组，教师则应给予肯定和表扬，认可他们的努力和成果。为了进一步促进小组间的交流与学习，教师还可以尝试将能力较强的小组与能力稍弱的小组结对子。通过这种结对子的方式，两组可以共同分享和讨论他们的成果。能力较强的小组在展示成果的过程中，能够体验到成功的喜悦，从而更加积极地参与小组探究活动；而能力稍弱的小组则可以从能力较强的小组中学习探究的方法和技巧，这有助于他们保持学习的热情和动力。

总之，小组合作学习让学生与学生之间的频繁互动成为可能，每一位学生都可以在课堂上发表自己的看法，学生彼此之间都可以交换想法、分享信息。在这一过程中，学生们的语言知识体系将会变得更加丰富，人际交往能力将会有所提高，更重要的是，他们也会增强学习英语的自信心。

第四，教学点评归纳。传统英语教学评价的主体是教师，学生在教学评价中的存在感较弱。而在互动式教学中，教师不再是教学评价的唯一主体，学生也可以参与其中，并且作用非常突出。在各组完成成果展示之后，就需要对各组成果进行点评，点评的形式并不局限于教师评价，学生自评与师生互评也是其主要的评价形式。多样的评价形式能够帮助教师全面掌握学生的学习情况，进而分析学生在哪些知识点上存在问题，基于此，教师就能对自己的教学计划、内容、方法等做出适当调整。可见，评价的过程也是教师不断反思自己、实现教学优化的过程。这一环节也包括师生互动与生生互动两种互动形式，无论是哪种互动，其目的都是让学生可以进行独立思考，在探究问题的过程中培养学习英语的兴趣。在经过教师与同伴的评价之后，学生能迅速认识到自己在学习上的不足，进而主动查漏补缺，同时也能清楚自己的优势，并不断强化这种优势。

第五，教学延伸拓展。传统英语教学中，教师开展教学活动主要依据的是教材，教学内容也多半为书本上的知识，甚至学生课下需要完成的作业也都是课本上每个单元的课后题，这让学生的学习活动始终围绕着教材进行。很明显，这种情况限制了学生的发展空间，学生甚至提不起对英语学习的兴趣。英语互动式教学则很好地改变了这一现状，它进一步拓展了学生的学习范围，学生可以在课下借助其他先进的学习工具完成知识的拓展与更新。

教师要明白对学生进行知识的拓展并不是其主要的任务，其首先要做的就是将教材上的知识全都传授给学生，之后，若课堂上还有剩余的时间，教师就可以向学生传授一些拓展知识，同时布置一些拓展任务。例如，当讲到课本上的某一个知识点时，教师可以提出一些与之相关的延伸性问题让学生讨论，在讨论过程中学生就能了解到更加新颖的知识，同时也能对旧知识进行及时巩固，最重要的是，这种讨论能够发散学生的思维，培养其创造力。

由于课堂教学空间的限制，某些教学活动可能难以实施，如规模较大的情境模拟活动。在这种情形下，教师可以考虑组织适当的课外活动以补充。课外活动为学生提供了更广阔的空间，使他们在思考问题时更为自由灵活。然而，这并不意味着课外活动具有比课堂活动更高的教育价值。二者各有侧重点，不宜简单比较。最理想的做法是将课堂教学与课外活动相结合，这样学生既能在课堂上掌握必要的理论基础，又能在课外环境中充分发挥思维的创造性。两种活动相结合是一种比较新颖的教学形式，在具体实施过程中，教师要灵活一些，适当分配两种活动的课时。在这一环节中，不仅有大家熟悉的生生互动，而且包括学生与英文文本之间的互动，多样的互动形式极大地拓宽了学生学习的范围，更重要的是，通过互动学生能够收获更多其他科学的学习方法，提高自己的学习效率，并最终提高自己的学习积极性。不过，需要注意的是，这一环节并不是固定不变的，它具有一定的逻辑性，围绕着某种逻辑与规律不断变化，所以教师在拓展教学内容时一定要遵循互动的法则和规律，保持适当的度。

(3) 英语互动式教学在阅读教学中的运用。

第一，英语阅读互动式教学的原则。

一是积极促进学生参与教学过程。传统英语阅读课堂中，学生在课堂上所学习的知识都是由英语教师事先选定的，这就导致一些知识并不为学生所喜欢，也就无法真正提起其对英语阅读学习的兴趣，英语阅读教学的目标也因此无法实现。这一特性更多体现在儿童阶段，大学生已具备了目的性学习的能力。学生如果没有强烈的学习欲望，那么他们也就无法真正产生积极的学习行为。

因此，英语教师要对英语阅读教学活动有清晰的认知与定位，不能仅仅将这项活动看作一种单纯的教学活动，而应将其看作一种具有特殊意义的交往活动，该活动将人的肢体动作与情感联系起来，既要求学生动口、动手，也要求其动情、动思。这就要求教师在英语阅读教学中要有所作为，要采取一些比较有效的方法激发学生的学习兴趣，最好能通过创设情境的方法让学生的身体与情感都融入其中，这样既让学生体会到了阅读的乐趣，也进一步加强了师生之间的互动。

二是正确引导学生构建自己的知识体系。互动式教学并不是要求学生要将所有的知识全面掌握，而是要让学生在学习知识的过程中能够将新旧知识进行融合。在这一过程中，学生的学习将变得更有意义，同时，学生也可以培养自己分析、解决问题的能力，获得不错的学习情感体验。不过，需要明确的一点是，大学生虽已成年，但这并不意味着他们已经具备了非常丰富的知识学习经验，与教师相比，他们还是"新手"，因此，教师需要为学生架起一座可以连接新旧知识的桥梁。具体而言，教师在讲解新知识的过程中一旦遇到了与旧知识相关的内容，就可以向学生提问，引发他们对旧知识的思考，同时也起到巩固旧知识的作用。

三是及时反馈，督促学生进步。集体教学需要每一个学生都能有所反馈，反馈不仅能在一定程度上提高教学质量，而且能较大地提高教学效率。此外，持续性的反馈过程同时也是师生一次次互动的过程，在这一过程中，教师了解了学生的学习需求，学生也了解了教师的教学计划。

第二，英语阅读互动式教学的实施。

一是教师与英文文本互动。现代阅读观强调阅读是一个动态且持续的过程，这一过程涉及读者与英文文本之间的相互作用和意义的共同建构。这一观点深刻揭示了阅读并非一项被动活动，而是读者主动参与、积极互动的过程。因此，学生在进行英语阅读时，应积极主动地与教师及英语文本进行互动，以提升阅读效果。同时，教师也应转变传统的教学观念，加强与英语文本的互动，对文本进行深入解析，从而更好地满足学生的阅读需求，促进其阅读能力的提升。

对于英文文本的意义，在现代知识观看来，其具有非常大的不确定性，不仅教师可以对其进行解读，学生也可以，并且在教师教学与学生学习的过程中，英文文本的意义还可以一次次被重新界定。所以，教学过程绝对不是一个可以永远保持平衡的过程，它是一个失衡再平衡的过程。从这里可以看出，教学过程并不是死板的，它始终处于一种动态生成的状态。

对于教授英语阅读的教师而言，他们在进行英语阅读教学之前，应该对英文文本有着自己的理解。换言之，教师的一切教学活动都可以以英文文本为依据，但是要从实际情况出发，要有选择地将文本内容教授给学生，与英文文本进行高效的互动。一切以英文文本为唯一的想法与行为都是片面的。

在整个英语阅读教学中，教师的角色非常重要，他既可以是阅读活动的先行者，也可以是教学活动的整个设计与策划者。从这个层面出发，教师与英文文本的互动有其不一样的内涵。教师要尽量将英文文本理解清楚，同时在这一过程中还要开发文本。教师只有将英文文本的所有内容都进行深刻理解，才能将其转化成自己的知识体系，才能在以后的教学中顺畅地与英文文本、学生互动。

教师还需要能够对英文文本进行适当的加工，英文文本的编写是一个主观过程，不可能尽善尽美，总是会存在一些不足。从当前英文文本的使用情况来看，这些文本使用的时间都比较长，没有与时代的发展相适应。很明显，这种停滞更新的文本是无法激起学生的学习兴趣的，更不能让学生与文本达成良好的互动。所以，这对英语教师提出了较高的要求，要求教师可以根据学生的实际需求选择英文文本。需要指出的是，英语阅读教学已经在选择英文文本方面有了很大的改善，但是出于人力、成本等方面的考虑，英语教材是不可能做到每年更新的，因此，英语教师必须在英语阅读教学过程中弥补这方面的不足，能够在备课时就对文本进行必要的更新。

教师在教学中不应仅仅将英文文本作为核心，而应具备挑战和审视文本编写者的勇气与能力。这种批判性思维将促进文本的持续优化和完善。英文文本应紧跟时代步伐，并适应学生的学习需求。作为最了解学生的教育工作者，教师能够汇集学生的反馈，对英文文本提出建设性的建议，从而使文本更加科学化和合理化。英文教材目前也面临改革，改革者必须学会聆听英语教师的意见，积极鼓励英语教师参与到教材的编写工作中来。在英语教师与英语文本的互动中，使英语教材的编写工作变得更加顺畅、科学，同时教师的英语阅读教学也会变得更加轻松。

二是学生与英文文本互动。二者之间的互动能够最大限度地将自主学习的理念展现出来。学生是一切学习活动的主人，英语阅读活动也不例外，他们只有自己主动地参与阅读活动，才能真正学会阅读。这就要求教师在教学过程中要积极引导学生参与阅读实践，加强学生与文本之间的互动，让学生在阅读过程中体会文本作者的思想。在传统英语阅读教学过程中，学生的主要任务就是单纯的阅读，在阅读过程中，他们并没有对文本做出自己独有的分析，其自主学习能力也没有获得培养。而学生阅读能力的培养是需要在其与英文文本的互动中实现的。可见，学生与文本的互动是非常重要且有必要的，无论教师还是学生，都不能忽视这一点。

现代学生通过互联网可以接触到更多的知识、更多的人，他们的思想更加开放，生活更具有独立性，更希望在学校与家庭中获得更多的自主权。这种意识映射到学生的学习活动中，他们的学习方式也就发生了变化。当前，自主、合作、探究的学习方式是其追求的主要方式。不过，在学习的过程中，他们不可避免地都会受原有知识体系的影响，长此以往，学生就会形成一种学习的惯性心理，该心理易使学生的学习停滞不前，无法将其创新性思维发散开来，从而使其学习活动变得更加死板。从这一实际问题出发，英语教师要摆脱文本束缚，分析学生学习的实际，用更加灵活的方法引导学生发散自己的思维。

让学生发散自己的思维，教师可以在课堂上多组织学生对某一问题进行辩论，在辩论中，学生可以提出自己对问题的看法，从而让不同的观点、信息可以在互动交流中生成，这可以帮助学生摆脱思维的僵化状态，使其更愿意参与英语阅读活动。教师需要清楚，英语阅读教学不是一个简单的认知活动，它更是一个促进学生发展的活动，学生在进行阅读教学过程中，不断获取新的学习体验。

阅读教学不应该是教师一人单独的活动，学生的阅读行为也是阅读教学的一部分，因此，学生也应该积极参与到阅读教学中来。教师在教学过程中要以积极的情感引导学生，让学生能够对英文文本加深理解，感悟文本作者的思想。此外，学生对文本的解读方式绝对不能固定，其应该是多元化的，学生要学会在对文本解读的"入"与"出"中提高自己的英语水平。"入"就是要求学生能进一步贴近文本，能在对文本熟悉的基础上了解文本的深层次内涵，意识到文本的主旨，并最终做到与文本的良好沟通。当前，英语教材中所选择的诸多文本都是编写者进行诸多考虑的结果，因此也大都做到了文质兼美，文本的质量有了很大提高。教师要帮助学生挖掘文本的价值，在学生与文本中间架起沟通的桥梁，使学生可以更加高效、顺畅地解读文本。"出"就是要求学生能将文本中学到的英语知识进行转化，在后续的英语学习中能灵活运用它们。英语阅读学习与其他英语学习都是相通的，英语知识在任何一部分英语学习过程中都是可以实现转化的。

三是教师与学生之间互动。

首先，营造和谐轻松的氛围。在一种相对轻松、愉悦的学习环境中，大学生的思维活动往往更为活跃，从而有利于提高知识学习的效率。因此，为学生营造一个轻松的学习氛围尤为重要。而要构建这样的学习环境，构建新型师生关系则是基础与前提。通过优化师生关系，可以营造出一种更为积极、开放的学习氛围，进一步激发学生的学习潜能和创造力，从而实现更高效的知识传授与学习。

在具体的教学过程中，教师还要学会灵活地使用教学语言，教学语言在英语阅读教学中能发挥重要作用。首先，教师需要在课堂上使用体态语。一般而言，体态语主要保留眼神、面部表情、手势、微笑等动作。如眼神的使用部分，教师要尽量能够使用自然、肯定和鼓励学生的眼神去鼓舞学生，通过眼神实现与学生的情感交流；面部表情部分，为了让学生可以接受教师的教学，认识英语阅读学习的重要性，教师在日常教学中要保持一种严肃的神情，此外，为了拉近与学生的距离，在严肃之外，教师还要给予学生必要的温柔，在课堂上可以对学生微笑。其次，教师还要在课堂上多使用能够激励学生学习的语言。激励性的语言能够激发人类内心深处对知识的渴望，教师多使用这些语言可以激发学生进行英语阅读学习的积极性。

总之，在英语阅读教学过程中，教师不能忽视学生的学习感受，要尽可能用一些鼓励性的教学语言引导学生，让学生感受到自己是被重视的，从而也会投入更大的精力在英语阅读学习上。更重要的是，长此以往，教师与学生的和谐互动就会实现，尤其从情感层面，教师与学生也完成了深层次的互动——情感互动。这样一种建立在教师与学生之间相互信任而形成的课堂氛围，不仅能提高教师教学的质量，还能提高学生学习的积极性。

其次，师生共同进步，实现教学相长。文本是作者内心世界的物化表现，通过阅读作者创作的文本，读者能够洞察作者对生命与生活的洞察。鉴于个体成长环境的差异性，对文本的解释也呈现出多样性，即便是在相同文本的阅读过程中，不同的学生也会体验到不同的阅读感受。因此，在英语阅读教学中，关键在于引导学生形成对文本的个人独特理解。

在英语阅读教学中，教师要对学生进行重新认识，学生不仅是学生，也可以是"教师"，教师可以从他们身上学习到一些东西，这就要求教师要以更加开放的态度看待师生关系，在英语阅读教学中多与学生互动，了解学生的学习需求。深入探究之后就可以发现，教师进行阅读教学的过程其实也是一个不断学习的过程，教师在进行课堂教学时，可以在教材的辅助下厘清教学思路、完善知识体系。有些教师在教学过程中还会受到学生的启发，从而产生一些新的想法。同时，教师也可以鼓励学生多提问，这样教师就能了解学生的真实想法，从而更好地完善自己的教学设计，反思自己的教学行为。可见，英语阅读教学能够帮助教师与学生实现共同进步，使教师的教学更加优化，学生的学习也更加高效。

最后，善用评价，及时反馈强化。

一是教师要善用随机评价。认识阅读教学过程可以从信息论的角度出发，从这一点上来看，教师与学生不断对文本进行信息输入、输出，并进行评价的过程就是阅读教学过程。英语阅读教学需要评价，教师与学生进行相互评价，将促进二者实现共同进步与发展。教师给予学生的评价，可以让学生在第一时间了解自己学习的实际情况，对于自己存在的不足，能够尽快了解与改正。而学生给予教师的评价，能让教师认识到自己在阅读教学中存在的问题，从而进一步优化英语阅读教学、摆正教学心态，为学生提供更优质的教学内容与方法。

当教师获得学生的反馈之后，往往就会对学生的学习情况做出评价，然而该评价看似非常"及时"，能让学生清楚自己的学习情况，但是也存在明显的不足，那就是同学们的创新意识很有可能会被限制。人们的思维活动非常复杂，那些比较具创新性的想法并不会存在于人类思维的全过程，主要存在于思维的后半程。这就要求教师在英语阅读教学中不能只是单纯地教授学生英语知识，而是能够采取一切手段激发学生的创造性思维。从教学评价这一个层面而言，就要求教师应利用"延迟评价"原则鼓励学生发表自己的见解。该原则要求教师可以给学生留出充沛的时间，让学生进行讨论，在讨论中发现问题的不同解决方法。而当学生产生答案之后，教师不能立刻对学生的答案进行绝对的"对""错"评价，而是要给予学生适当的引导，引导其彼此之间进行评价。

二是教师要善用小结评价。教师在评价学生的阅读学习时，需从多个维度进行综合考量。这不仅包括对学生阅读知识掌握程度的评估，还需关注其参与阅读实践活动的表现。唯有这种全面性的评价，方能帮助教师更为深入地了解学生。而小结评价正是一种能够有效实现全方位评价的方式。它聚焦于某一课程或单元的内容，通过这一评价方式，教师能够协助学生全面把握所需学习的知识点，并助力其构建个人化的知识结构体系。这样，小结评价不仅促进了教师对学生学习状况的全面了解，还为学生提供了优化学习方法和提升学习效果的有益指导。同时，学生反过来也可以评价教师的教学，对教师的教学方法、教学效果等进行评价，这样教师就能清楚自己在英语阅读教学中存在的问题，从而在下节课或单元教学中做出改进。总之，评价不能是单方面的，教师与学生的双向评价才是英语阅读教学不断发展的动力，同时，教师与学生也能在彼此的评价中不断发展和进步。

三是学生与学生之间互动。一般而言，学生对文本的解读主要包括三个方面：学生自己对文本的独自体会、教师对学生的引导、学生与学生间的相互影响。其中学生与学生间的相互影响，是促进英语阅读教学发展的重要因素之一，这是因为学生与学生就文本进行讨论可以使其与文本之间达成不错的互动，从而使学生能更加深刻地认识文本。

在英语课堂上，学生对教师存在一种天然的敬畏感，他们总是习惯跟在教师后面，这一心理不利于形成创造性思维，思维发展受到明显的限制。不过，存在于学生之间的讨论往往不会出现这种情况，因为学生彼此之间是平等的，他们是相互了解的，因此，在讨论过程中他们可以轻松地表达自己的观点。而且学生所提出的观点，在其他学生看来并不具有与教师观点一样的权威性，因此，他们是没有必要全部接受的。在这种情况下，学生之间更容易产生多样的信息，更容易理解和接受对方，也更容易促进英语阅读的学习。

(4) 英语互动式教学在听力教学中的运用。

第一，互动式英语听力教学的主要方式。

一是提问式。提问的方式可以让学生在课堂上利用英语进行回答，这样学生就获得了锻炼英语听力与口语的机会。教师提问的问题应该是学生所熟悉且感兴趣的，只有这样，一来一往的提问才能顺利进行。教师在进行提问之前应该设计出一些相关问题，这些问题要尽量具有艺术性，能够为学生构建一个轻松、具有人文性的教学环境，同时还要进一步拉近师生关系，这样学生才会感受到英语阅读学习的乐趣。此外，教师为学生设计的学习内容也应该与学生的实际生活相联系，这就要求教师应该在课前与学生进行英语对话，了解学生最近的生活与学习情况。与学生生活、学习密切相关的话题能激发学生的沟通欲望，让学生更愿意与教师交流，从而使英语学习过程更加顺畅。

可见，培养学生的交际能力是非常重要的事情，在课前的日常热身对话完毕之后，教师就可以将话题自然地引到课本内容上来。在讲解课本上的听力内容时，教师可使用互动式教学方法，一般而言，这种教学方法在听力教学中的应用主要有三个步骤。①预习听力材料。在进行新课之前，教师需要适当给学生布置一些预习任务，学生可根据任务对需要学习的内容进行猜测。②分析听力内容。让学生深入分析听力内容，不仅要让其从基础层面出发了解听力材料中需要其认识的新词汇、语法，而且要对听到的内容能够列出提纲、独立组织语言逻辑。教师要鼓励学生积极将自己听到的内容阐述出来，当发现学生表达有误时教师不宜立即阻止，而是要等到学生阐述完成之后再对其问题进行纠正，尽量不要打乱学生的表达节奏。③巩固练习。为了巩固互动式听力课堂教学的成果，学生还需要进一步对已经学习完的听力材料进行巩固练习，可以让学生在听完之后进行讨论，以实现教师与学生、学生与学生间的沟通。这种互动不仅能让教师了解到学生英语听力学习的实际情况，还能进一步激发学生英语听力学习的积极性。

二是小组互动式。小组合作学习作为一种关键的学习模式，有利于学生在协作中展现个性，并在培养团队精神的同时，构建积极的人际关系。此外，该模式有效地将个体学习成果转化为集体学习成果，从而显著地提升学习成效。然而，小组合作学习的有效实施并非偶然现象，而是需要遵循一系列原则。小组成员应保持其个体差异性和代表性，确保小组内部的多样性。在这样的小组中，成员们能够从同伴那里吸取经验，并同时映射自身的不足，达到互惠互利的学习效果。

一般而言，小组合作学习的实施可以有三种形式：一是教师比较常用的一种形式，即学生与各自的同桌自动形成一个小组，这同时也是一个比较简便的分组形式，同桌之间彼此相熟，在进行问题探究时会更加默契；二是四个人为一个小组，四个人的小组形式也是遵循了距离就近原则，可以是前后四人组成一个小组，也可以是横向两个同桌组成一个小组，该形式非常适合连锁问答；三是可以以座位的一竖列为一组，但需要指出的是，这一形式有其不足，即它可能在单词复习时会给学生带来不便。无论采用小组、横排、竖排、同桌、四人或随机排列,具体以哪种小组形式划分,还需要教师根据教学的实际情况做出选择。

小组互动式具体实施步骤如下。①出示探究问题。教师出示的问题应该是经过深思熟虑的,为了激发学生的探究积极性,教师应适当提高问题的难度,同时还要贴合学生生活的实际。②小组合作探究。小组合作是有一定顺序的。可以组成4~6人的异质小组,然后给予他们一个问题,让他们根据问题进行讨论,在讨论过程中他们就会发现自己的优势与不足。教师需要对小组讨论情况进行及时掌握,当讨论遇到"瓶颈"时,教师还可以适当地对学生进行指导。大量的小组合作教学实践已经表明,这种小组活动在很大程度上可以提高学生的学习兴趣,同时还能增进学生与学生间的了解,促进彼此间的共同进步。③组际间互相交流。在小组组长的带领下,各小组成员分工明确,共同探究问题,当在激烈的讨论之后获得答案,各小组之间根据自己得出的答案也可以进行彼此的探讨和交流。小组内部可以推举一人作为代表与其他小组进行交流,如果小组代表的发言内容不足或者出现某些问题时,小组其他成员也可以进行补充或纠正。除了推举一人进行结果汇报与交流,也可以采用小组汇报这种集体形式进行。不过,无论采用哪种形式,教师都应该对小组经过讨论得到的答案给予肯定。

第二,互动式英语听力教学的实施对策。英语教学旨在通过传授听、说、读、写等基础理论知识,使学生掌握必要的英语基本技能,进而在交际中能够灵活运用。在语言学习过程中,听力训练往往是起点,因此,在大学英语教学中,听力教学应受到重点关注。教师在英语听力课堂上应选择恰当的教学策略,着重培养学生的听力信心,从而有效提升其英语听力水平。通常情况下,教师在英语听力教学中使用的策略主要有以下四个方面。

一是解析标题。解析标题策略主要训练学生主题听力技巧。在使用这一策略时,教师要先向学生介绍一些任务,这些任务能够保证学生在具体听的过程中把自己的注意力放在文章的主要内容提炼上。然后再播放录音材料,让学生根据所听材料选择适当的标题。

二是进行概述。进行概述是对文章主旨进行概括的策略。当学生听完材料之后,教师可以让学生对整个文章的大意进行总结,然后再提供给学生几个关于文章概述的选项,让学生根据自己听到的内容进行选择。

三是学会排序。教师可以把听力材料的顺序打乱,然后向学生布置一些相关任务,之后播放听力材料,要求学生根据听到的情节对故事顺序进行重新排序,当学生完成排序之后,教师再对学生的顺序调整做出最后评判。

四是复式听写。复式听写策略的主要目的是从听力材料中获取具体的信息。在播放听力材料之前，教师要事先告诉学生哪些比较重要的语句已经被删除，进而提醒学生要注意聆听这些地方，在完成听力之后，学生需要将被教师删除的部分填补上。

听力训练的过程并不容易，训练形式也是多种多样的。教师在具体实施听力互动式教学策略时，应该遵循听力教学的相关原则，要从学生对教师、文本的互动需求出发，这样才能提高英语听力课堂教学的质量。

(5) 英语互动式教学在口语教学中的运用。

第一，互动教学法对英语口语教学的启示。

一是确立正确的教学目标。存在于英语课堂上的口语互动是以教师的启动为前提的，特别是教师在教授新课之前，其应当对学生进行适当引导，让学生吃透教材，精心组织教学活动。而这些都需要教师围绕教学目标进行，正确的目标是教师进行教学活动的风向标，目标正确，教师才能沿着正确的教学道路前进。

二是及时引导学生。在英语互动式口语教学过程中，教师一般会利用一些小问题将教师与学生联系起来，由此形成良好的互动。不过，也需注意一点，并非所有问题、所有学生均能快速回应，每个学生都是有差异的，学生的水平不同，其思考答案的速度也不会相同。对于那些存在思维或语言障碍的学生，教师应运用恰当的方法对其进行积极引导，而且引导所使用的语言不能太生硬，委婉一些有利于其放松心态积极应对。引导学生的过程也是教师与学生进行互动的过程。

第二，英语互动式口语教学的实施程序。

一是确定目标、抛出问题。在传统的口语教学环境中，教师往往直接进入课堂讲授，缺乏明确的教学目标。相较之下，在英语互动式教学中，教师的首要任务是明确教学目标。一旦目标确定，学生自然会产生完成目标的内在动机，并在教师的积极引导下，激发学习热情。基于这些教学目标，教师设计和实施教学计划及策略，而学生则制订相应的学习计划，选择合适的学习方法。在教学相长的过程中，教师与学生之间形成了有效的互动。

此外，英语互动式教学的实施还需要一定的问题启示学生的学习。对于问题，它需要具备两种特征：一是具有启发性，学生在思考问题时可以联想到其他相关知识，可以激发自己的好奇心；二是具有发散性，问题不应局限于一个知识点，而是能让学生根据这一个问题发散自己的思维，拓宽自己的学习视野。此外，还需要格外注意的是，教师所提出的问题要难易适中，能合理反映学生的学习情况，同时也能激发学生的学习积极性。

二是创设情境、实践演练。英语口语教学非常注重情境演练，情境是学生接触英语知识比较直观的方法，它是英语教学比较关键的部分。创设情境主要能发挥两方面的作用：①能加深学生对英语知识的理解，这是因为教师所创设的情境往往贴近生活，学生在这种情境中学习，自然可以更好地了解这些知识；②能让学生感受到英语学习的真谛，在具体的情境中，学生能体会到英语语言的魅力，认识到英语语言知识并不是唯一的学习内容，文化学习也同样重要。在情境中练习口语，学生能直接感知英语国家的文化背景，清楚地了解在英语口语交际中的文化问题。

三是鼓励思考，帮助学生拥有自己的思考空间。任何知识的学习都不容易，除了教师教授给学生的知识，学生也应该依靠自己的努力完成知识的获取，发挥自己的思维能力就是其中重要的内容。

四是组内讨论、组际交流。在思考完成之后，讨论与交流是必需的，一般而言，主要包括两部分：一个是组内讨论，另一个则是组际交流。教师对学生进行分组，再提供一个可讨论的题目，学生就这一题目进行组内讨论，在激烈的讨论中，学生的口语能力得到了锻炼与提升。同时，当学生在对某一问题产生疑惑时，教师就可以对其进行恰当引导，通过与教师的交流，学生的口语水平也得到了一定程度的提高。

组际交流作为一种交流方式，是小组讨论的深化与延伸。当各个小组完成问题探讨后，教师应积极组织并引导学生进行组际交流。在组际交流的过程中，教师应保持耐心与尊重，避免打断学生间的对话。即便交流过程中出现问题，教师也应等待交流结束后，再给予适当的指导和建议。这样的做法不仅有助于保障组际交流的连贯性和有效性，更能促进学生在交流中的主动思考与自我修正，从而推动其学习能力的全面发展。

五是及时评价、总结反馈。在教师与学生互动过程中，教师要对学生的学习活动进行评价，评价学生的学习意识、学习态度等。切不可只用一种评价方法评价学生，因为每一个学生都是不同的，教师要尽可能采用多样的评价方法，以尊重每一位学生，正确评价每一位学生。评价是对英语互动式口语教学的总结，通过评价内容与结果，教师可以总结出自己在教学过程中的不足，也可以总结出学生在学习过程中的不足。

3. 英语混合式教学模式

"混合式教学是一种融合传统教育教学与网络在线教学的教学新模式，采用传统课堂教学+网络线上教学有机结合的混合式教学，可以有效提升学生学习的深度，从而强化教育教学效果。"[①] 混合式教学是网络技术迅速发展的产物，也是教学领域中的一种新方式，这种新教学方式不仅有利于教师合理安排教学活动，也有利于学生根据自己的学习情况科学规划自己的学习进度。混合式教学是传统教学的延伸，

---

① 徐玉书. 新时期高校英语混合式教学模式构建与管理——评《课堂教学与管理艺术》[J]. 科技管理研究，2021，41(1)：216.

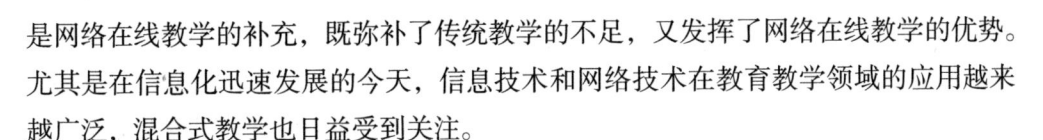

是网络在线教学的补充，既弥补了传统教学的不足，又发挥了网络在线教学的优势。尤其是在信息化迅速发展的今天，信息技术和网络技术在教育教学领域的应用越来越广泛，混合式教学也日益受到关注。

(1) 混合式教学的内涵阐释。

第一，传统教学＋网络在线教学的结合。传统教学的主要媒介就是课堂，在课堂教学中，教师借助黑板、多媒体将知识传授给学生，并且教师与学生之间的交流是面对面的。而网络在线教学的主要媒介是移动终端设备，移动终端设备中拥有教师上传的优质教学内容，这些教学内容都是共享的，学生可以根据自己的学习情况进行合理选择、科学规划，从而使自己的学习进一步得以深化。

第二，在混合式教学中教师面临新的要求。在混合式教学中，教师不仅要给学生讲授知识，还需要考虑学生对知识的接受程度。同时，教师还应该根据学生的学习情况及时调整教学内容和教学活动，从而使教学内容和教学活动能够跟得上学生学习的进度。因此，教学内容、教学活动都是动态变化的，其目的就是让学生更好地学习。

第三，重视学生的个性差异和发展。混合式教学包括传统教学和线上教学两种模式。线上教学重视学生的个性化差异，鼓励学生自主学习，这样有利于学生个性化的发展。同时，学生可以根据自己的学习情况进行线上学习，这样在课堂教学中就有了充分的准备，有利于避免传统教学中被动的局面。

(2) 混合式教学的特征表现。

第一，混合式教学的显著特征在于其结合线上与线下的教学模式。这种模式不仅要求学生在线上进行自主学习，同时也需要师生之间进行线下的面对面集体学习，实现了教学形式的双重覆盖。

第二，线上教学在混合式教学中占据核心地位，是其不可或缺的重要组成部分。我们强调"必备"一词，旨在说明线上教学并非辅助或锦上添花，而是构成混合式教学的基础和关键要素。任何脱离线上教学部分的所谓"混合式教学"，都不符合我们对这一教学模式的界定。

第三，线下教学作为线上教学的延续，体现了混合式教学的连贯性和整体性。我们特别使用"延续"一词，意在强调线上与线下教学并非孤立存在，而是相互关联、有机统一的。线上学习为线下学习提供基础和前提，线下学习则是对线上学习的深化和拓展。

第四，混合式教学并非遵循统一固定的模式。它强调的是传统教学与网络在线教学的有机融合，实现线上线下的无缝衔接，而非简单的模式复制。

第五，关于"混合"的概念，需要明确其狭义范畴，即仅限于线上与线下两种教学手段的组合。当前，有些人将不同教学模式、教学方法、教学手段，甚至教学理念的混合都归为混合式教学，这种宽泛的界定对于指导教学实践并无太大意义。因此，在探讨混合式教学时，我们应当将其限定在特定的语境下，即线上与线下教学手段的结合，从而避免概念的泛化和混淆。

(3) 混合式教学对英语教学的影响。

第一，英语课程学习不受时间、地点的限制。随着信息技术的发展，现代化设备在教育教学中的应用更加广泛。信息技术具有开放性、丰富性、自由性等特点，有利于提高英语教学的效率和目标。同时，网络平台上有多种类型的英语教学视频，且这些教学视频内容丰富、涉及面广泛、讲解清晰、针对性强。学生可以根据自己的学习情况和学习时间有针对性地学习网络上的教学视频，从而使碎片化学习成为可能，也使学生的时间得到了最大程度的利用。

在"线上＋线下"这种双线性的教学方法运行中，教师可以通过在网上自主搜索先进的资源，丰富自己的英语教案内容，弥补了传统教学内容单一的缺陷。混合式教学的这种"线上＋线下"的教学模式打破了时间和空间的限制，使教师和学生自由安排时间体验英语教学内容，同时还拉近了教师与学生之间的距离。

第二，创新教学模式，提供丰富的英语资源。混合式教学模式，作为传统教学与网络在线教学的有机结合，已然成为英语教育领域的一种创新形式。其中，线上教学凭借其丰富的英语资源，在很大程度上为学生的学习提供了有力的支持与保障。然而，这些资源虽然多样且广泛，却也为学生带来了选择上的困扰。因此，在混合式教学模式的实践中，我们不仅需要充分利用线上教学的资源优势，还需要引导学生有效筛选和整合这些资源，确保教学质量和学习效果的最大化。

(4) 英语混合式教学模式的构建。

为了使英语教师更好地进行英语教学，这里对大学英语混合式教学模式进行了设计。

第一，引入阶段。在引入阶段，教师主要根据教学内容来进行英语课程的具体设置。通过课程的引入，学生能够提高对英语课程的认识，并意识到英语课程的重要性。另外，教师可以采用形式多样的教学内容来引入，比较常见的有提问、故事讲述等。

第二，目标设定阶段。在应试教育的影响下，英语教学的目标通常注重学生的学习内容及学生的应试能力，忽略了学生的认知、行为和情感等。混合式教学作为一种新型的教学模式，应该结合时代的发展及教育改革的要求，注重高阶目标的设定，如在提高学生语言技能的基础上，提高学生分析能力、创造能力和跨文化交际能力，进而提高学生的专业英语能力、创新能力等综合能力。

第三，教学过程中的前测阶段。前测通常发生在教学之前，其目的主要是了解学生的现有英语水平、学习需求及对英语学习的兴趣。所以，在英语混合式教学模式构建中，教师应该重视前测阶段，采用提问、考试等方式来对学生的具体情况进行测试，这为教师后续的教学提供了帮助。

第四，参与式学习阶段。教师在实施英语混合式教学模式时，应该根据教学目标及学生的实际情况，开展与之相关的英语教学活动，并鼓励学生积极参与和讨论。总之，参与式学习对英语混合式教学模式的实施也是十分重要的。

第五，教学过程中的后测阶段。后测是相对于前测而言的，是前测的一种延伸。教师完成教学之后，要想了解学生对知识的掌握情况，就可以采用后测的方式。在英语混合式教学中，教师也应该注重后测。具体而言，教师在后测阶段，除了要测试学生对教材知识的掌握程度，还应该测试学生的英语技能、英语应用能力、表达能力、理解能力等，从而及时调整自己的教学进度。

第六，总结阶段。总结也是英语混合式教学模式构建的重要内容。除了总结学生的学习情况，教师还要对自己的教学进行反思和总结。并以此为依据，不断学习、不断进取，使自己能够适应时代和教育改革的发展。

(五) 英语教学的策略

英语教学策略一般包括以下三个方面。

第一，英语教学组织策略。课堂组织是成功完成英语教学任务的主要任务之一。掌握必要的英语课堂组织的技能和方法去安排课堂活动、处理课堂问题，这一系列教学行为的手段构成了课堂教学中的组织策略，它涉及教师的角色、课堂活动的组织和控制、教学模式和方法的选择等。

第二，英语教学激励策略。激励策略是促进学习动机成功的关键要素，它代表了一种内在的驱动力，直接促使学习者参与学习过程。这一策略涵盖了学习意图的选择、学习者的主动参与、学习兴趣的维持及学习能力的持续发展等方面。激发学生的学习热情并促使他们积极参与英语课堂教学活动，是实现有效教学的重要条件。激励策略的核心在于激发学生对英语的学习兴趣，并维持其在学习活动中的参与程度。激励手段多样，包括但不限于课堂活动设计、教师的身教示范及奖励与激励机制等。

第三，英语教学提问策略。提问策略作为英语课堂教学中的一种关键交互方式，其运用直接关乎教学成效。问题的巧妙提出、对学生回答的精准评估及对整个回答过程的妥善控制，均对提问的成败起着决定性作用。具体而言，提问策略可细化为以下四个方面：首先是计划策略，它指导教师在备课阶段对提问进行深思熟虑的规划，明确提问的目的、内容及组织方式，确保问题的针对性和有效性；其次是问题设计策略，它涉及如何教授并帮助学生掌握有效的发问技巧，从而激发他们的思维活力，提升问题解决能力；再次是控制策略，这一策略关注如何在提问过程中维持良好的教学秩序，确保师生交流顺畅无阻；最后是评估策略，它涵盖了教师对学生回答的各种评价方式，如表扬、引用、身体语言鼓励等，旨在通过积极的反馈机制，激发学生的学习动力。

二、多元文化的认知

多元文化是指一个地区或社会内部存在着来自不同民族、种族、宗教、语言、习俗和价值观念的多种文化，并且这些文化之间呈现了相互交流、融合、共存的状态。多元文化的存在可以带来丰富多彩的社会生活和文化景观，同时也可能引发一些文化冲突和挑战。在一个多元文化的社会中，包容、尊重和理解不同文化之间的差异至关重要，这有助于建立和谐的社会关系，促进社会的发展与进步。

多元文化的存在象征着人类社会的丰富性和复杂性。每一种文化都是独特的，具有自己独特的传统、信仰和方式，而当这些不同的文化相互接触时，它们会产生新的思想、观念和创新。文化多样性不仅丰富了社会的文化景观，也为人们提供了更广阔的视野和认识世界的途径。通过文化的交流和对话，人们能够更好地理解彼此，尊重和包容不同文化之间的差异。

多元文化所强调的核心理念是尊重和包容不同文化背景的个体和群体。这种理念鼓励人们在相互交流和互动中接纳和尊重他人的差异，无论是在思想观念、生活方式还是社会习俗方面。通过这种包容性的态度，人们能够建立起更加开放和平等的社会环境，促进跨文化之间的理解和沟通。在多元文化的社会中，人们更加倾向于接受多样性，并且愿意学习和了解其他文化的特点与价值观。这种跨文化的互动，不仅促进了社会的和谐共处，也为创造一个更加包容和进步的社会氛围奠定了基础。

在多元文化社会中，各种不同文化群体之间的交流与互动是常见的现象。这种交流不仅是文化间的简单传递，更是一种互相启发、影响和融合的过程。通过不同文化之间的互动，人们能够共享彼此的文化传统、价值观念和生活方式，从而促进文化的融合和创新。在这种交流中，各文化群体都能够吸收和借鉴其他文化的优点和特色，进而形成新的文化形态和特色。这种文化的融合和创新不仅丰富了社会的文化景观，也为社会的进步和发展注入了新的活力和动力。

多元文化并非要求各种文化消解或同化，而是强调保护和维护每种文化的独特性和传统。在多元文化社会中，人们重视文化的传承和保护工作，确保每种文化都能够持续繁荣发展，这意味着重视传统知识的传承、语言的保护、文化遗产的保存

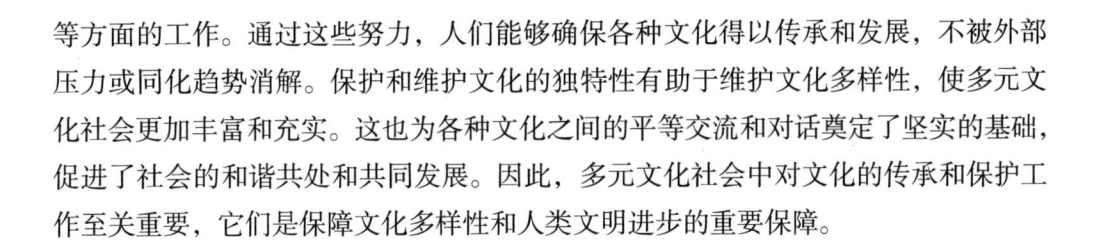

等方面的工作。通过这些努力，人们能够确保各种文化得以传承和发展，不被外部压力或同化趋势消解。保护和维护文化的独特性有助于维护文化多样性，使多元文化社会更加丰富和充实。这也为各种文化之间的平等交流和对话奠定了坚实的基础，促进了社会的和谐共处和共同发展。因此，多元文化社会中对文化的传承和保护工作至关重要，它们是保障文化多样性和人类文明进步的重要保障。

第二节 多元文化对英语教学的主要影响

一、多元文化对英语课程目标设置的影响

英语教学的开展既要传授给学生基础的英语语言知识，又要培养学生听、说、读、写、译的英语语言技能。具体而言，多元文化对英语课程目标设置的影响主要体现在以下几个方面。

(一) 有利于学生了解文化多样性特点

人类社会由不同的民族团体和社会群体构成，不同的民族团体或社会群体创造出了不同的文化，这些文化依托不同的地域环境和历史背景产生，每一种文化都有其无法剥夺的存在理由和独一无二的存在价值。过去由于信息技术的落后和交通条件的闭塞，不同的民族团体或社会团体可以长期生活在特定的领域中，不与外界沟通。如今，随着时代的进步和科学技术的发展，世界各国、各地区之间的往来变得十分便利，因此不同文化群体之间相互接触、相互了解的机会也逐渐增多。要想在与其他文化群体的接触中赢得尊重，避免文化冲突，实现平等交往、互利共赢，应先要学会理解和尊重彼此的文化。因此，英语教学应当引导学生以开放的心态去面对多样化的世界，使其在面对陌生的人或事物时表现出自信、平等的态度，进而建立起多元文化的意识，了解多元文化的概念。因此，高校英语课程的目标之一就是要引导学生认识本民族文化以外的其他文化，从而帮助学生了解世界文化的多样性，树立多元文化意识。了解世界上存在的各种各样的文化，除了能帮助学生树立多元文化的意识，还能帮助他们了解多元文化的概念，进而开阔视野，发现多元文化背后隐藏的人性特征和人们对美好生活的追求。

(二) 帮助学生承认多元文化的价值

在多元文化思想与理念的指引下，英语课程教学不仅应致力于使学生认识世界文化的多样性，树立多元文化的意识，更应着重培养学生尊重和理解其他民族文化

的能力，进而认同多元文化的价值。这一过程至关重要，因为它能够使学生利用所学的英语语言知识和技能，深入探索该语言文化的形成与发展，从而真正认识到不同文化的存在对人类发展的积极意义。通过培养这种跨文化的理解与尊重，学生能够学会从不同角度观察和思考问题，拓宽视野，增强文化平等的意识。这样的教育过程不仅有助于提升学生的综合素质，更为他们在全球化背景下融入多元文化社会奠定了坚实的基础。

（三）促进学生对本民族文化的学习

在英语教学中，强调传授其他民族语言文化知识的同时，也不能忽视对本民族文化的学习。英语教学中的多元文化课程并不是学校课程的全部，而是以单一文化教育的存在为前提的。换言之，没有掌握已有民族文化，也就谈不上对其他民族文化的学习，学生只有在了解和接受本民族文化的前提下，才有可能尊重并接纳其他民族的文化。因此，在多元文化思想与理念的引导下，本民族的文化课程非但不能缩减，还应继续加强。高校学生在学习其他民族文化的同时，还要继续深入了解和掌握本民族文化，这两种文化的学习不仅不冲突，还有相互促进的作用。例如，任何一种文化在发展过程中都有其优秀的一面，也有不完美的一面，学习其他民族的文化有助于学生进一步理解本民族的文化。在英语跨文化教学中，高校教育教学部门和教师要充分利用多元文化教育的优势，培养学生进一步学习和理解本民族的文化，启发学生通过文化比较对传统文化与现象进行深思。这样做的目的是引导学生深入思考本民族文化形成的原因，确立自己的价值观与行为方式，进而构建属于自己的文化知识体系。在多元文化的环境中，只有个体打破传统观念的束缚，使自己的个性得到充分且自由的发展，才有可能推动民族文化的繁荣发展，这也折射出多元文化存在的根本原因。

（四）推动学生系统学习其他民族文化

英语课程目标应设置成为学生提供系统学习其他民族文化的机会，以便培养学生对不同文化的理解和尊重，并获得理解其他文化所需要的知识和技能。因为语言不仅是交流的工具，更是特定群体文化的载体。语言与文化相互影响、密不可分。英语语言课程作为多元文化教育的组成部分，已经在高校教育教学工作中得到了充分的重视，这一点毋庸置疑。而此处我们强调的英语多元文化课程能使我们更快、更好地完成多元文化教育的目标。具体而言，就是为学生提供系统学习英语民族文化的机会，让他们有目的、有计划地了解其他民族文化的形成、历史与发展，体会其他民族文化的深刻内涵和价值，从而能够客观地评价该文化。

二、多元文化对英语课程价值选择的影响

多元文化理念的兴起及其在教育领域的渗透，促使人们开始重新审视并批判一元文化课程的局限性。随着多元文化课程的推广，一元文化课程的缺陷日益凸显，导致其逐渐被教育界边缘化。一元文化课程的缺陷主要在于，它不利于学生对性别角色和群体角色等认同感的形成。此外，许多高校的语言学习教材未能充分展示本国文化，这可能导致学生在本国文化上感到自卑，并引发文化冲突，进而影响他们的学习积极性和主动性，以及文化意识的培养。然而，多元文化课程也不是所有的人都认可的。有些质疑的声音表示，多元文化思想对文化特殊性的过分强调，容易引导学生认为自己民族的文化才是独一无二的，对其他民族的文化则采取冷漠的态度。实际上这种想法是错误的。现实情况是：一方面，多元文化的现象要求我们开展英语跨文化教学；另一方面，学生的学习精力和课程容量是有限的。因此，对于多元文化教育课程能否涵盖众多文化类型知识这一问题值得高校教育教学工作者进行讨论和思考。在此基础上，多元文化理念下的英语教学必将面临一个价值选择的问题；反之，价值选择也会影响未来英语课程的发展方向。

（一）辩证看待一元文化与多元文化

目前，学术界关于一元文化与多元文化二者孰优孰劣的争论还在继续。事实上，人们应该用辩证发展的眼光看待一元文化与多元文化二者之间的优劣。一方面，世界文化多元化的发展趋势已成定局，因此，在描述和评判文化时就不适合使用单一的方法，当今时代背景下的文化交流更注重在多元文化格局中的求同存异；另一方面，多元文化理论并不能解决所有的文化问题。从方法论上讲，世界上不存在能够解决所有问题的万全之策。这就要求人们在面对一元文化与多元文化的矛盾时，保持适当的张力，不能走极端，要看到二者之间的共同点或连接点，使其相互补充，保持文化共性与个性之间的平衡，不要逼迫自己非要选择其中一种观点并批评另一种观点。一元文化和多元文化二者本身就反映了文化的两个方面，即文化的普遍性与特殊性。由于文化的普遍性与特殊性是同时存在的，二者又是相互影响、对立统一的关系，因此，不能将一元文化与多元文化置于完全对立的状态，这种做法违背了多元文化课程设置的初衷。多元文化课程设置的目的就是在了解不同民族文化的过程中促进多元文化之间的相互交流与相互尊重。

（二）坚持个性化英语课程教学指向

任何文化的演进与昌盛，均离不开对个体文化及其内部个体发展的尊重与珍视。

在多元文化交融的时代背景下，个体的成长与发展对于推动文化的共同繁荣具有重要意义。因此，英语多元文化课程的构建应坚持以个性化教学为导向，充分尊重并发展每个人的独特个性。多元文化课程的设置应与一元文化倡导的划一性、普遍性特征截然相反，应树立尊重个体差异、发展个体个性、培养个体责任心与使命感的多元文化观念。此处"个性"这一名词的概念不仅是指多元文化背景下每个人的个性特征，还指每个家庭、每个社区、每个学校、每个企业乃至每个民族、每个国家的个性。很显然，这些个性并不是孤立存在的，而是相互联系、相互影响、相互作用的，只有每个个体或者团体真正认识和了解自己的个性并进行培养，做到承担自己的责任、发挥自己的作用，才能更好地尊重他人的个性，从而形成和谐共处、平等互利的局面。基于以上分析，英语多元文化的课程必须采用新型的教学模式，建立平等、民主的师生关系，并在此基础上开展以学生为中心的教学活动，促进教师与学生之间的沟通与交流。

当然，在教学过程中发展学习者的个性并不意味着放松对学生学习与成长的关注和管理，而是在尊重每位学生个性特长和兴趣爱好的基础上，充分发挥和培养他们的个性，引导学生正视自己的个性，认识自我、肯定自我，同时学会了解并尊重他人的个性。此外，英语教师还应经常反思英语教学的教学目标、教学内容、教学方法和教学评价标准，时刻准备根据实际教学情况的开展做出修改，保持自身锐意进取、不断学习和进步的状态。

（三）采用知识统整的方法进行教学

多元文化课程相较于一元文化课程，展现出其独特的优势。例如，一元文化课程倾向于封闭和单一，强调统一性，这可能导致设定统一的教学目标、任务、内容、形式、时间和评价标准。这种做法可能会抑制学习者个性的多样性，并使原本应充满活力的教学活动变得缺乏生机。在多元文化环境中，标准化和一体化已逐渐被淘汰，个性化与多样化取而代之，成为教育的主流趋势。

多元文化课程正是这种多样化与个性化特征的集合体，但多元文化课程并不是将各种文化的知识内容简单地罗列到一起，而是倡导用一种科学有效的方法，将相互联系、相互影响的各种文化的知识内容整理、融合在一起。整体的课程设置以主流文化的内容为主要组成部分，但多元文化的观点会体现在各种显性或隐性的课程中。例如，在组织学生对历史上著名的、有争议的社会问题进行讨论时，教师应该鼓励学生从多元视角进行分析和讨论；与此同时，教师还要考虑到非主流文化族群学生的文化认知、学习习惯及学习风格等，并在课程中介绍不同文化对人类发展所做出的贡献，从而帮助学生理解非主流文化及其群体的相关知识，培养学生进行跨文化交际的能力。

第三节 多元文化对英语教学的重要启示

一、培养学生的跨文化意识

"跨文化意识是学习者特有的思维方式、判断能力以及对文化因素的敏感性。"[①] 介绍和讲解英语语言文化知识只是文化教学活动的表层内容，英语文化教学活动的重点在于培养学习者的跨文化意识，使学习者有意识地了解中西方文化的差异，能够从多种角度判断和理解这些文化内涵，最终形成自己的文化观和跨文化交际能力。跨文化意识对学生学习英语而言十分重要，因此，英语教师在设计和开展英语教学活动的过程中必须帮助学生树立正确的跨文化意识，充分结合传统教学手段和现代化教学手段的优势，向学生介绍一些英美国家的代表性文化，让学生最大限度地接触英语语言文化知识。

二、增强学生的跨文化感悟能力

所谓跨文化感悟能力，其实就是通过对两种文化之间差异的比较在大脑中形成的一种潜在的反应能力。这种反应能力也可以视作通过语言这一载体对语言背后的文化内容的综合理解能力。在设计和开展英语教学活动的过程中，教师应适时向学生介绍一些英美国家的文化背景知识，帮助学生认识英美等国家的独特文化，并通过与中国文化的对比，发现两种文化之间的异同，进而帮助学生理解英语的构成与使用特点，使学生能在不同的交际场景下用英语清晰地表述自己的思想，实现学生用英语在跨文化语境中顺畅交流的教学目标。高校英语教师要想提升学生的跨文化感悟能力主要可以通过以下两种途径。

第一，英语教师可以利用课堂教学的时间和条件教授英美国家的文化知识。英语教材中有很多典型的介绍英美国家日常生活、学习、工作、就医、旅行等话题的对话和文章，字里行间皆能体现当地人们的生活方式、生产方式、教育方式、休闲娱乐方式及价值观念、思维特点、文化艺术、风俗习惯等。教师应引导学生理解和思考这些文化知识，增强学生对英美国家文化的感悟能力。

第二，高校英语教师还可以通过课堂教学以外的方式引导学生学习英美国家的文化知识。例如，鼓励学生在课后阅读一些英文名著并同大家分享，介绍其中一些

[①] 黄文静.教海探航：多元文化视域下的高校英语教学研究[M].北京：中国商业出版社，2022：40.

经典选段，带大家了解英美文化；又如，英语教师可带领学生听一些英美国家的新闻广播，这样既能学习地道的英文表达，又能了解英美国家的时事新闻及其背后折射出的文化；再如，欣赏影视作品永远是颇受学生欢迎的学习第二语言知识文化的途径，英语教师可以向学生推荐一些有着强烈的文化特征和教育意义的英美国家的影视作品，让学生在了解英美国家文化的同时得到心灵上的启发。除了阅读、聆听和观看的途径，英语教师还可以通过指导学生创设英语角，举办英语晚会、专题讲座及其他课外实践活动，使学生在不断接触英语文化的环境中比较中西文化，进而增强跨文化感悟能力。学生的跨文化感悟能力一旦提升，他们就能敏感地捕捉到交际中出现的文化差异，如一谈到"black tea"，就立刻能想起这就是中国的红茶。

总之，在英语教学过程中，英语教师只有想办法挖掘教材中的文化知识，并将这些知识作为重要的教学内容传授给学生，同时引导学生利用课外活动的机会接触更多的英美文化，才能帮助学生积累英美国家的文化知识，并通过对比中西文化的差异，体会世界文化的多样性特点，增强跨文化的感悟与交际能力。

三、培养学生对文化差异的学习兴趣

从学生的角度，只有当学习的内容是学生感兴趣的知识或领域时，才能充分激发学生的积极性和主动性，学生才愿意花时间去学习。英语文化知识的学习也是同样的道理。英语教师要让学生认识到文化与语言是相通的，文化影响着语言的形成与发展，语言也在一定程度上反映了文化的特征。因此，要想学好英语，就要学习一定的英语文化知识并了解中西方文化的差异。英语教师在开展多元文化教育时，应对比中西方文化的异同，培养学生对文化差异的学习兴趣，这也是帮助学生学习英语的一个有效途径。教师只有不断改进英语教学方法、创新教学内容，使整个教学活动充满学习的乐趣，才能调动学生学习的兴趣，激发学生学习的热情。

"在英语教学中，教师应注重对英语国家文化背景的介绍，使学生了解英美等国家的文化，通过比较英汉文化的差异，让学生明白不同的语言以及语言背后的不同文化，学会在适当的场合用适当的语言表达自己的思想，实现培养和提高学生运用英语在跨文化语境中正确交流的能力。"[①] 英语教师可以通过对比英语教学内容与中国文化的方法来培养学生对文化差异的兴趣。比较中西方文化异同的最佳途径就是通过语言认知文化、了解文化，通过所学语言知识内容进一步了解其中包含的民族文化语义。合理地运用这种方法，可以将原本单调无趣的词义解析、语法讲解等教学内容变得生动形象、内涵丰富。对学生而言，他们不仅能在轻松愉快的氛围中学到英语语言知识，

---

① 杨雪飞. 多元文化视域下的大学英语教学研究[M]. 北京：北京理工大学出版社，2019：62.

还能了解相关英美等国文化内容，最重要的是能培养学习英语文化的兴趣，提高课堂的学习效果。

新型教学理念倡导学生是教学活动的主体，在教学活动中处于中心地位；教师是教学活动的主导，在教学活动中发挥引导作用。教学内容中的知识和技能都需要学生在理解的基础上进行吸收、应用，其中的跨文化交际能力主要依靠交际训练来培养和提高。因此，英语教师应根据具体的教学内容和学生的身心特点，选择灵活多变的教学方法和教学手段，帮助学生以正确的学习态度去面对学习中的问题和困难，激发学生的学习动力。同时，英语教师还要帮助学生养成良好的学习习惯，帮助他们掌握学习方法，培养独立学习、自主学习的能力。如果学生的学习态度良好，但只知道整天抱着教材背单词、背句子，也很难培养真正的英语交际能力。英语教师要有机结合英语语言的基础知识、技能知识、文化知识和中英文化差异对比四个方面的教学内容，充分发挥文化差异对比在教学中的辅助作用和文化背景知识的积极作用，培养学生对文化差异的敏感性和兴趣，引导学生通过坚持不懈的努力和大量的实践训练活动提高驾驭英语语言的跨文化交际的能力。

第四节　多元文化视域下英语教学发展趋势

在多元文化的视域下，英语教学的发展趋势呈现出多方面的变化。

第一，文化多样性的融合。随着全球化的深入发展，不同文化之间的交流与融合变得更加密切。英语教学将更加注重传授学生跨文化交际的能力，使学生能够更好地理解并尊重不同文化背景的人，从而更好地融入国际社会。这意味着教学内容将更加注重跨文化交流技巧的培养，包括跨文化沟通、文化意识和文化差异敏感度的培养等方面。教师会引入丰富的跨文化案例和素材，通过多种教学方法和活动，帮助学生深入了解不同文化背景下的语言使用和交际方式，培养他们的跨文化交际能力。此外，教学环境也可能会更加多元化，为学生提供更多与不同文化背景的人交流的机会，促进他们在实践中学习和运用英语。

第二，语言与科技的结合。随着科技的不断进步，虚拟现实、人工智能等技术将成为英语教学中的重要工具。这些技术将为学生提供更丰富、更生动的学习体验。例如，通过虚拟现实技术，学生可以身临其境地体验跨文化交流场景，从而更深入地理解不同文化之间的差异与共通之处。同时，智能化的教学系统将根据学生的学习需求和进度，提供个性化的学习指导，帮助他们更高效地掌握英语技能。这种语言与科技的结合不仅丰富了教学方法，还提升了学生的学习动力和成效，助力他们在跨文化交流中取得更大的成功。

第三，社交媒体与网络资源的利用。多元文化视域下的英语教学将更加深度地利用社交媒体和网络资源，教师可通过社交媒体平台与国际学生展开实时交流，为学生提供与母语为英语的人士进行真实交流的机会，从而提升他们的语言应用能力。这种实践不仅可以增加学生与英语母语者的接触机会，还能让他们更好地理解和运用英语在真实交流中的应用方式。同时，丰富多样的网络资源也将成为教学的重要辅助工具，帮助学生更深入地了解英语国家的文化、社会和语言使用习惯。通过利用社交媒体和网络资源，学生不仅可以拓展英语应用的领域，还可以增进对英语国家文化的理解，从而提升他们的综合语言能力和跨文化交际能力。

第四，重视人文教育。多元文化视域下的英语教学要实现健康发展，就必须认识到人文教育在其中的重要作用，这意味着需要"探索多元文化背景下人文教育的内涵和实现路径，实现英语教学的人性化，从而能够丰富学生的人文知识，提升学生的人文素养，确立积极进取的人生态度，使学生的语言和文化综合素质得到提升，成为综合素质全面发展的完整的人"[①]。

第五，注重个性化教学。多元文化视域下的英语教学将更加注重根据学生的学习需求、兴趣爱好和学习风格量身定制教学方案。这意味着教师将更加关注每位学生的个体差异，为他们提供更具针对性和个性化的学习支持。教学内容和方法可以根据学生的学习特点进行调整，以满足不同学生的学习需求和学习节奏。为实现个性化教学，可以利用智能化的教学系统对学生进行学习习惯和能力的分析，从而为他们提供个性化的学习建议和辅导。这种个性化教学的方法将有助于激发学生的学习兴趣，提高他们的学习动机和学习效果，从而更好地适应多元文化的学习环境，并使其在跨文化交际中取得更大的成功。

---

① 霍瑛. 多元文化视域下的大学英语教学[M]. 长春：吉林人民出版社，2021：68.

第二章　英语教学主体及其与多元文化的融合创新

本章内容聚焦于英语教学主体——学生与教师在多元文化环境中的角色与作用，探讨他们与多元文化的融合创新，为实现教育的多元化与创新提供理论指导与实践启示。主要探讨学生及其与多元文化的融合、教师及其与多元文化的融合、多元文化视域下的师生关系三个部分。

第一节　学生及其与多元文化的融合

一、培养正确的文化态度

文化既是一种社会现象，也是一种历史现象，是通过人们的创造活动形成并随着历史的发展而发展变化的产物。正确的文化态度是学生跨文化交流的基础。在全球化日益加剧的今天，学生不可避免地会接触到来自不同文化背景的人。若缺乏正确的文化态度，学生可能无法理解、尊重并接纳其他文化，从而导致文化冲突和误解。而正确的文化态度则能使学生保持开放和包容的心态，更好地理解和欣赏不同文化，从而建立和谐的跨文化关系。

正确的文化态度有助于提升学生的文化素养和综合素质。学生通过接触和了解不同文化，可以拓宽视野，增长见识，丰富自己的人生经历。同时，不同文化背景下的思维方式和方法也能为学生带来新的启示和灵感，激发他们的创新思维和创造力。这些都将对学生的个人成长和未来发展产生积极的影响。

再者，正确的文化态度有助于增强学生的文化自信和民族自豪感。在全球化的浪潮中，各种文化相互交织、碰撞，学生可能会对自己的文化产生困惑或怀疑。而正确的文化态度能使学生更加深入地了解自己的文化根源和传统，认识到中华文化的独特魅力和价值，从而增强文化自信和民族自豪感。

二、注重交际能力的养成

在当今全球化的时代背景下，英语教学不仅是学习一门语言，更是涉及跨文化交流和沟通的重要技能。"交际能力是指一个人用语言或非语言手段达到某一交际目的能力"①，注重交际能力的培养是英语教学中至关重要的部分。学生需要具备良好的口头表达能力、听力理解能力和书面沟通能力，以便能够在各种跨文化的交流场景中自如地表达自己的想法和观点。首先，口头表达能力是交际能力中至关重要的一环。学生可以通过课堂讨论、口语练习等方式，不断提高自己的口头表达能力。教师可以设计各种情景对话和角色扮演活动，让学生在模拟的情景中练习口语表达，从而提高他们的口语流利度和表达能力。其次，听力理解能力也是交际能力中不可或缺的一部分。在全球化的背景下，学生需要具备良好的听力理解能力，能够听懂和适应不同国家和地区的口音和语速。教师可以通过听力材料和多媒体资源，帮助学生提高听力理解能力，并培养他们的跨文化交流能力。最后，书面沟通能力同样也是交际能力的重要组成部分。学生需要具备清晰、连贯、准确的书面表达能力，能够用英语书写各种形式的文档和文字。教师可以通过写作任务和作文练习，帮助学生提高书面表达能力，并指导他们如何在书面交流中考虑到不同文化背景和读者群体的需求。

第二节 教师及其与多元文化的融合

一、丰富多元文化专业知识

随着多元文化的日益兴盛，英语教师在坚守本土文化的同时，需要具备多元文化专业知识，这样才能提升自身英语教学的魅力和竞争力。多元文化是时代发展的必然产物，大学英语教师应通过积极学习、不断进修等方式掌握丰富的相关知识，以获得更多的话语权。教师只有用丰富的多元文化专业知识武装自己的头脑，才能更好地武装学生的头脑；只有自身具备多元文化专业知识，才可能培养出具备多元文化素质的未来工作者。因此，英语教师应在实际工作中积极弥补自身因文化差异所带来的文化素养不足，做到了解英语背后的文化、理解文化背后的英语。

多元文化教育是一场深刻变革，沉浸在多元文化环境中的教师，需要具备丰富的多元文化专业知识。英语是文化的载体，教师要教好英语课，就需要掌握多元的文化知识，多元文化专业知识包括英语国家和非英语国家的人文地理、时事历史和风土人情等。多元文化专业知识在学生和教师的人际交往关系中起着关键作用。只有具备多元文化视野的人，才能更好地适应多元文化社会；只有掌握多元文化知识的英语教师，才能自然而然地将多元文化专业知识渗透在其教学实践中，使学生受

---

① 冯成一. 谈大学生英语交际能力的培养 [J]. 教育探索，2008(1)：48.

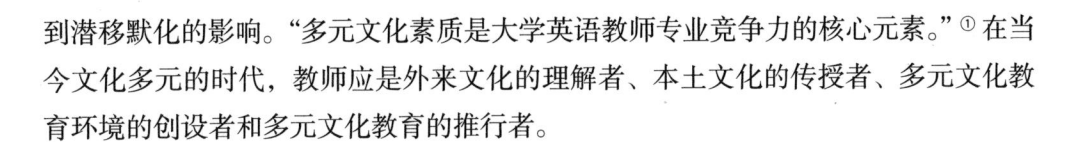

到潜移默化的影响。"多元文化素质是大学英语教师专业竞争力的核心元素。"[①]在当今文化多元的时代，教师应是外来文化的理解者、本土文化的传授者、多元文化教育环境的创设者和多元文化教育的推行者。

二、提高多元文化专业能力

在当今社会，跨文化交际能力和对中西文化差异的敏感意识已经成为人们所必备的基本技能。对于英语教师而言，提高自身的多元文化专业能力尤为重要。教师需要不断加强科学研究，以此为基础不断提高自身的专业水平。在教学过程中，理论研究和实践研究的结合至关重要。如果仅停留在理论层面，教学活动很容易流于表面化；而如果脱离实际教学活动，单纯追求理论和实践研究，将难以打下扎实的基础。因此，英语教师应积极参与相关科研活动，不断提高自身的多元文化专业能力。在科研中，教师可以从文化的视角来进行实践和反思教学。通过实践，可以发现问题，并为这些问题找到解决方案；在反思中，则可以不断调整教学方式和方法，使之更加适应多元文化的需求。这种循环的过程，不仅可以促使教师的专业能力得到提高，也可以使教学活动更加符合国际化的标准。为了更好地提高英语教师的多元文化专业能力，学校应该鼓励他们积极参与各种相关研究和教学活动。例如，可以组织英语教师参加本校的研究和教学公开课等活动，以此来提高他们的专业水平。只有通过这样的方式，多元文化的科研与实践才能成为英语教师专业能力成长的新平台，进而推动他们走向国际化道路。

第三节 多元文化视域下的师生关系

在多元文化视域下，英语教学中的师生关系需要更加灵活和包容，这种关系不再是传统的一种单向的知识传授，而应是双向的学习与共享。具体而言，多元文化视域下的师生关系需要注重以下三个方面。

第一，尊重和包容的师生关系。师生之间应该相互尊重对方的文化背景、价值观和观点，这是一种相互理解与接纳的体现。英语教师在这一过程中扮演着重要的角色，不仅应该展现出对学生多元文化背景的尊重，还应该积极地鼓励学生分享他们的文化经验。在英语课堂上，教师可以通过各种方式来鼓励学生分享他们的文化，如组织文化节、举办文化展示等。这样的活动不仅可以让学生展示自己的文化特色，

---

① 赖晓霞. 多元文化视野下的大学英语教师专业发展[J]. 教育与职业, 2014(35): 102.

还可以让其他同学更加了解和尊重不同文化之间的差异。此外，教师还可以选择涉及不同文化主题的教学内容，引导学生思考和讨论跨文化交流的重要性。英语教师将学生的文化经验纳入课堂教学中，可以有效地促进跨文化交流。学生在分享自己的文化经验的过程中不仅可以增进彼此之间的了解，还可以提高他们对其他文化的包容性和尊重度。这种开放和包容的教学氛围不仅有助于学生的个人成长，也有助于建设一个更加和谐、多元的社会。

第二，平等和合作的师生关系。传统的教学模式将教师视作知识的唯一来源和权威，而学生则被动地接收信息。然而随着教育理念的不断发展和社会的多元化，这种单向传授知识的方法已经不再适用。建立在平等和合作基础上的师生关系更能够激发学生的学习兴趣和潜力。在平等和合作的教学模式下，英语教师不再是单方面的权威，而是与学生共同学习和探索知识的伙伴。教师与学生之间的关系应是一种合作关系，他们共同努力、相互学习、共同成长。教师的角色不再是简单地传授知识，而是引导学生发现知识、探索问题、思考解决方案的过程。在这样的教学模式下，英语教师更注重激发学生的自主学习能力和批判性思维，而不是单纯地灌输知识。合作学习和互动式教学方法是实现平等和合作师生关系的有效途径之一。通过小组讨论、合作项目、角色扮演等活动，学生有机会与同学共同合作、交流思想，并从中相互学习。这种互动式的教学方法不仅能够激发学生的英语学习兴趣和动力，还可以促进师生之间的相互理解和信任。通过与学生进行深入的交流和互动，英语教师可以更好地了解学生的需求和兴趣，为他们提供个性化的学习支持和指导。

第三，营造开放性和包容性的教学环境。英语教师应该致力于营造一个开放、包容和安全的学习氛围，以促进学生的全面发展。在这样的环境中，学生不仅可以自由地表达自己的观点和想法，还可以积极参与课堂讨论，与同学进行交流和合作。首先，英语教师应该以身作则，树立开放和包容的榜样。他们应该展现出对不同观点和想法的尊重，鼓励学生敢于表达自己的独立思考和见解。通过在课堂上展示出对学生观点的理解和认可，教师可以有效地激发学生的学习兴趣和积极性。其次，英语教师应该通过多种方式鼓励学生积极参与课堂讨论。可以采用小组讨论、角色扮演、游戏等活动来激发学生的思维和交流。在这样的教学环境中，学生有机会与同学分享自己的观点和经验，从而促进相互交流与合作。最后，英语教师还应该重视学生的情感需求，创造一个安全和积极的学习环境。应该关注学生的情绪变化，给予他们必要的情感支持和鼓励。在这样的安全环境中，学生能够敢于表达自己的想法和观点，从而更好地参与到课堂学习中。

第三章　英语知识教学及其与多元文化的融合创新

如何将英语知识与多元文化相结合，是英语教学的重要课题。本章深入探讨英语知识教学与多元文化的融合路径，为构建更加开放、多元的英语教育体系提供理论支撑与实践指导，内容涵盖英语语音教学及其与多元文化的融合、英语词汇教学及其与多元文化的融合、英语语法教学及其与多元文化的融合三个部分。

第一节　英语语音教学及其与多元文化的融合

一、英语语音教学的作用与英汉语音差异

(一) 英语语音教学的作用

语音、词汇和语法是高校英语教学的基础知识内容，而语音又是这三项基础知识内容之首，更是学生学习英语的基础，对增强学生学习英语的信心，提高学生积极性以及提升其整体的英语水平起着关键性的作用。英语语音教学的作用包括以下方面。

1. 提高英语听说技能

在以口语交际为主要沟通方式的交际过程中，交际者的发音是否正确，直接影响着交际双方能否理解对方的表达，进而影响交际的效率和结果。在英语语音教学中，最理想的教学效果就是学生既掌握了专业且系统的英语语音理论知识，又懂得英语发音的各项技巧，并能在口语表达的实践中熟练运用这些技巧，正确处理英语句子中的连读、不完全爆破、同化、弱读等语音现象，还能在听到类似语音表达时迅速理解其含义。然而由于各种原因，只有极少数学生能达到上述语音学习的标准要求，很多学生都存在英语听力学习的困难或遇到提升英语听力的瓶颈；有些学生甚至因为听力能力不足，在听力考试中不能准确选择答案。事实上，造成这种现象的主要原因是学生缺乏正确的语音知识，因此在听英语时难以做到听一两次就能听懂。如果学生能够掌握正确的英语语音知识和技能，那么他们就能正确地拼读单词，流利地朗读课文，自信地开口说英语，进而可以轻轻松松听懂英语语音资料。长此

以往，他们就能提高自己整体的英文水平，实现英语学习的目标。

2. 帮助记忆英语单词

语音教学是所有有声语言教学的重要组成部分，英语语音教学也不例外。由于有声语言的第一性特征，所以英语语言中的很多语法现象、词汇现象、语言表达都会受到英语语音特点的影响。就词汇现象而言，就像汉语中有些词汇可以根据字面理解其意义一样，英语中有些词汇也可以通过语音特征猜测其含义。在英语教学过程中，很多学生存在词汇记忆困难的问题，针对这一问题，教师可以引导学生通过发音推断词义、记忆单词。因为英语的拼写和发音之间是有密切联系的，有一定规律可循，如果学生掌握了英语拼读的规律，就能快速、有效地记忆单词。

3. 培养英语阅读能力

英语语音教学对培养学生的英语阅读能力具有重要作用，不论学生专业为何，英语阅读能力的训练与提高都是至关重要的。这是因为英语阅读水平不仅是评估学生综合英语能力的关键指标，也是当前高校英语水平评估的重要内容之一。阅读理解题的设计目的主要在于考查学生对语法、词汇、文化等英语知识的掌握程度，以及他们阅读英文的速度。文字是有声语言的符号化表达，不同的符号对应着不同的语音形象。当我们掌握了这些符号的语音形象后，在阅读时所看到的文字就会在头脑中转化为相应的声音形象，这一转换过程的顺利与否直接影响着阅读速度。因此，英语语音学习对提升学生的阅读速度和能力具有积极的促进作用。

(二) 英汉语音的差异体现

1. 英汉语音的发声方法差异

(1) 呼吸方式不同。呼吸是人类一种正常的生理现象，采用不同的呼吸方式会使人的说话、歌唱等发声方式发生改变。汉语发音主要采用的是胸式呼吸法，也被称为肋式呼吸法或横式呼吸法。在汉语发音过程中，胸部和肋骨的运动起主要作用，呼吸时也只有肺的上半部肺泡在工作，肺的中部和下部肺泡则处于休息状态，所以气息相对较浅较快。而且正是因为说话时呼出气流少、换气速度快，所以说话时的音频较高，声音听起来比较清亮但缺乏穿透力。这种呼吸方式使得汉语发音具有其独特的特点。而英语发音则更倾向于使用腹式呼吸法，也被称为丹田呼吸法。在英语发音中，腹部起到关键作用，通过吸气时横膈膜的下降和脏器的挤压，使得肚子膨胀，尤其是在元音的发音上，腹式呼吸使声音更为深沉有力，并且元音的发音质量在很大程度上依赖腹式呼吸法。这种呼吸方式让英语的语音更为洪亮、饱满，元音的发音更加夸张和明显。

(2) 发声位置不同。呼吸方式不同，发声的位置就不同。例如，英语的发声位置主要位于口腔后部和鼻腔，气流从口腔和鼻腔经由喉腔喷出。这种方式使得口型较小，但硬腭用力拱起，导致口腔内部紧张，同时舌根部位和鼻腔共同作用于共鸣，产生低沉而响亮的声音，具有较强的穿透力。相反，汉语的发声位置集中在口腔前部，发声时用力较轻松，口型开合较大。汉语的声音主要由舌面、舌尖等部位的肌肉产生，因此发出的声音较高而尖锐，但力度较弱，穿透力较差。英语由于发声位置在口腔后部和鼻腔，气息绵长，换气慢，所以控制气息的能力较强，发音和语速也能达到一个非常高的水平。因此，英美人虽然说话速度飞快，但发音清晰连贯，听者能够很容易听懂他们说的内容。汉语由于发声的位置在口腔前部，气息短浅，换气快，所以汉语呈现语速较慢的特点。通常汉语表达注重抑扬顿挫、充满情感。

2. 英汉语音的声调与语调差异

英语属于语调语言，因为其音高起伏而形成的旋律模式与短语、句子的发音是紧密结合的。英语中的单个词语并无声调的差别，声调只体现在短语和句子中。英语中的语调分为三种，即平调、升调和降调。通常情况下，句子的前部、中部或者句尾的短语不读平调，句子尾部则读降调或者升调。例如，A female teacher was busy in the classroom, and the students were listening carefully to her. 此外，一般疑问句句尾读升调。例如，Can you give me five dollars？ 而且，相同的句子也会因为语调的不同导致句子表达含义的不同。例如：

That's not the car he wants. ↘

That's not the car he wants. ↗

That's not the car he wants. →

从词汇的构成角度分析，这三个句子没有差别，但语调的不同使句子的深层含义发生了变化。第一句话是降调，表示说话的人对这句话表达内容的肯定，十分确定地表达了"那辆车不是他想要的"这一事实。第二句话是升调，表示说话人对这句话描述内容的不确定，即不确定"那辆车是不是他想要的"。第三句话是平调，表示说话者的描述除了字面意思，还有其他隐藏含义，即"那辆车不是他想要的，他想要的是其他车辆"。

汉语属于声调语言，其声调变化通过四声表示，即阴平、阳平、上声、去声四调，也可称为一声、二声、三声、四声，其中前两声是平声，后两声是仄声。通常情况下，汉语都是一字一调；部分汉字因为其一字多义而导致一字多调。例如，"数"字，用作动词"计算"时，读三声"shǔ"，如"数清楚"；用作数词时，义同"几"，读四声"shù"，如"数千元"。

3. 英汉语音的轻重音位置差异

英语语音和汉语语音中均存在轻重音现象，这一语音特征对两种语言的表达均有着举足轻重的影响。在英语中，那些能够改变句子含义的重音被称为"表意重音"，而在汉语中，对整句含义产生显著影响的重音则被称为"语法重音"。总体而言，英汉两种语言在轻重音的使用上存在显著差异，这种差异主要体现在句子中轻重音的位置分布上。

英语发音属于"重音律动"模式，该模式的特点是遵循句子重音复现的规律，以重音为节拍吐字发音。虽然英语发音没有平仄之分，但在单词层面和句子层面上却有轻重音之分。例如，在句子层面，每一个句子都有一处或多处句子重音，如"John works very hard in the company"的重音分别落在 John、works、hard 和 company 上，very 若不强调通常不重读，其他几个词无重读音节，一般一带而过。

汉语语音的轻重不体现在每个单字中，而主要体现在句子层面，一般一句话中想要突出强调的信息会重读，如："哪辆自行车是你的？"在这句话中，"哪"字表示疑问，需要重读。而汉语句子中，尤其是句尾的助词、叹词等一般都做轻读处理。例如，老师问学生："听明白了吗？"句尾的"了"和"吗"均为轻读音。而在一些叠音词构成的称呼语中，如"爸爸""妈妈""爷爷""奶奶"中，一般第二个字要轻读。

二、英语语音教学与多元文化的融合策略

（一）采用多样化英语语音教学方法

1. 分清学生的英语水平层次

高校学生在学习英语语音的过程中面临很多困难和挑战：有些学生受地方方言影响，口音浓重；有些学生的发音还不错，但交际能力较弱；有些学生受中学英语教育的影响，认为英语学习应以词汇和语法学习为重点，不重视语音学习。这些都直接影响了高校英语语音教学活动的开展，妨碍了学生英语综合能力的提高。英语教师在开始语音授课之前可以通过测试和调查问卷的形式了解学生的英语语音水平，了解每一位学生的基础水平，并将他们分类，为其制定不同的语音学习的目标。最重要的是，要在第一节课上让学生认识到语音学习的重要性，端正学生的学习态度，然后在今后的教学中，有针对性地设计教学活动，并及时观察不同学生的学习情况，记录学生的成长与变化，逐步达到语音教学的目标。

2. 利用语言学习的迁移规律

在英语语音教学中，英语教师应巧妙利用英语语音与汉语语音之间的相似性，即汉语语音对英语语音的正迁移效应，以优化语音教学效果。同时，也应敏锐地识别并利用两者间的差异，即负迁移现象，从而有效规避学生母语语音习惯对英语语音学习的潜在干扰。这一策略的实施，不仅是对教师教学方法的挑战，更是英语语

音教学中的一大难点与重点。通过精心设计和实施教学方案，教师可以帮助学生更好地掌握英语语音特点，克服母语语音的负面影响，提高英语语音学习的效果。

3. 练习发音并纠正发音习惯

英语的发声用力点与汉语不同，并且英语有些发音是汉语语音中没有的。英语发音方式有时也需要单独学习，因此学生需要观察和研究自己或他人的发音器官和发音机理来纠正自己错误的发音习惯。英语教师可采用以下两种方法帮助学生练习发音，纠正错误的发音习惯。

（1）引导学生练习舌位操和口型操。首先教师向学生展示正确的发音口型和舌位，随后学生通过镜子观察自己发音时的唇形、口型和舌位或观察身边同学发音时的相关动作。同时，教师应引导学生绘制发音口型和舌位图示，以加深他们对发音器官运作机制的理解。

（2）组织学生说英语绕口令。说英语绕口令是一种集中训练学生发音器官的有效方法，能帮助学生克服口音重和部分语音不会发的难题。具体可参考以下步骤进行：教师先准备几张小纸条并在上边写上难度相同的绕口令，然后将学生分为人数相同的几列；随后让每列的第一位学生查看准备好的绕口令小纸条，并以悄悄话的形式依次向后传递，直到这一列的最后一位同学；最后一位同学接收到绕口令后大声说出来，看哪一列完成得最快，当然还要由教师将最初的绕口令纸条公布出来，以示正误。这种兼具趣味性与竞争性的英语语音游戏不仅能提高学生学习英语的兴趣，还能帮助学生纠正错误的语音习惯，提高英语听说能力。

4. 加强英语语流与语调教学

英语语音的学习不是短时间内就能看到成效的事情，学生只有坚持科学、合理的语音训练才能成功。因此，英语教师要鼓励学生持之以恒；同时学生在掌握了基础的英语音标、单词的正确发音之后，就要开始学习英语句子、对话乃至段落、文章的朗读技巧了，因此，教师还需要加强对英语语流、语调的教学。教师可采用以下三种方法开展英语语流、语调的训练。

（1）教唱英文歌曲。对于学生而言，英文歌曲是一种内容丰富并蕴含大量发音技巧的语音练习方式。因此，教师可以通过教唱英文歌曲的方式帮助学生掌握连读、弱读、节奏等发音技能，并培养学生的英语语感，提高学生的英语文化知识水平。

（2）朗读英语美文。英语美文体现了英美国家的思维方式、观念信仰、民族文化、价值追求等。朗读英语美文不仅能帮助学生在朗读的过程中练习发音技巧，学习朗读规则，还能让学生感受英文的魅力，认知英美国家的文化。

（3）影视剧台词模仿与配音训练。英美国家有很多具有教育意义的经典影视剧，承载、传递着正确的世界观与价值观，而剧中的英语台词也表达得十分地道。因此，教师可以选择经典英文影视剧的片段让学生开展模仿练习和配音练习,并逐渐增加练习难度,鼓励其实现自我超越。

(二)营造语音教学的多元文化环境

1. 营造语音教学的多元课堂环境

传统的英语课堂对语音教学不够重视,虽然有语音教学的相关内容,但对语音教学应达到一个怎样的效果没有明确的标准,对学生的最终学习成果的考核也不够严格,所以英语语音教学的有效性有待提高。在多元文化环境下,教师要引导学生充分认识英语语音与汉语语音在发声方法、轻重音、声调、语调等方面的异同,尤其要向学生讲授英语语音在重音、发音节奏、连读、语调等方面的相关知识,并采用各种方式组织学生进行练习与实践。与此同时,英语教师还可以从课堂教学的其他方面出发提高学生的语音水平和英语综合应用能力:一是尊重学生的个体差异,加强对不同学生,尤其是对语音学习信心不足的学生的关注,对这部分学生给予个性化的辅导和帮助;二是采用分组教学法、交际教学法,引导学生成立语音学习互助小组,鼓励他们在交流和讨论中开展语音学习,提高语音水平和交际能力;三是为了充分体现出对语音教学的重视,高校应将语音教学考核纳入学期考核的范围,高校教研部在设计考核试卷的过程中,加入听音、辨音的题型。在口语考核阶段,英语教师可以出一些语音测试的题目,对学生进行口语检查。对于非英语专业的学生,为了提高他们整体的语音水平,高校应增设英语语音和英语口语选修课,安排英语语音水平较高的教师进行授课。

2. 营造语音教学的多元校园环境

高校可以尝试组织校内英语协会、英语教师团队等团体机构在全校范围内开展各种形式的英语口语类比赛,如英文辩论赛、英文影视剧配音比赛、英语歌唱比赛、英文脱口秀等,并设置参与奖、优秀奖、最佳语音奖等各种奖项,鼓励学生积极参与赛事、勇于表现自我。这些活动不仅提高了学生学习英语语音的积极性和主动性,而且也促进了学生之间的交流和学习,多元文化意识也随之得到了培养,使英语文化得到进一步的积累。

3. 营造语音教学的多元网络环境

传统的语音教学局限于教材、教师、教学条件,不利于学生语音水平的提高和多元文化意识的培养。随着信息技术和多媒体技术的发展,英语教师要充分利用网络和多媒体设备帮助学生练习英语发音,通过音频与网站扩展学生的语音知识储备,使其了解中西方语音表达方式的差异及其文化上的异同。例如,通过网络查找材料,并使用相关多媒体设备展示汉语诗歌与英语诗歌的不同;建立网络语音学习小组群,每天打卡完成语音作业，互相监督、互相提醒；选择一些具有英美典型文化特征的影视作品让学生配音，使其在学习文化的同时练习发音。

第二节　英语词汇教学及其与多元文化的融合

一、英语词汇教学的作用与英汉词汇差异

（一）英语词汇教学的作用

词汇构成了语言学习的基础材料，是传递语义的基本单位，同时也是构建语言体系的关键要素。在语言符号的体系中，语音象征着符号的物理表达，语法则规定了符号的排列与组合方式，而词汇则是这一符号系统中的具体化表现形式。任何一种语言的基础教学都离不开语音、词汇和语法的教学。词汇是英语教学的基础。英语学习由词而成句，由句而成篇。英语词汇教学是英语教学的一个重要组成部分，也是英语教学中的重要环节。"英语词汇是高校英语教学的重要内容，是学生英语学习的基础，贯穿高校英语教学的全过程。"[1] 英语词汇教学的作用主要体现在以下方面。

1. 提高英语综合应用能力

高校英语教学的最终目的是提高学生的英语综合应用能力，积累词汇的能力是英语综合能力的重要部分，学生应具有充足的词汇储备，否则就无法正确表达自己的想法。只有掌握了丰富的词汇，才能更好地使用英语进行表达，进而不断提高自己的英语水平。英语教师只有做好词汇教学工作，帮助学生掌握词汇的发音、含义和用法，方能进一步培养学生的英语综合应用能力，无论是听说教学、读写教学还是翻译教学，都要求学生必须掌握一定量的词汇。由此可见英语词汇教学的重要性。

2. 帮助测试学生英语水平

对于将英语作为第二语言的人而言，掌握英语词汇并不简单。事实上，对于大多数人而言，达到一定的英语词汇量都是一个相当大的挑战。因此，高校将英语词汇能力测试纳入对学生英语水平的评估中。无论是高校的英语应用能力 A、B 级考试，还是大学英语四、六级考试，研究生英语考试，或者是其他诸如托福、GRE、GMAT 或雅思等英语测试，都包含一定比例的词汇试题。英语词汇量与学生的英语水平之间有着密切的关联，因此英语词汇量的大小会直接影响学生英语水平的高低。

---

[1] 李霓. 混合式教学模式在高校英语词汇教学中运用 [J]. 辽宁省交通高等专科学校学报，2023，25(6)：86.

(二) 英汉词汇的差异体现

1. 英汉词汇的形态差异

词汇形态指的是语言词汇的外在形式、表现形式与书面形式。例如，汉语属于表意文字，英语属于表音文字；汉语词汇的书面形式是方块字，英语词汇的书面形式是字母拼写。

(1) 英语词汇形态特征。英语属于典型的拼音文字，英语的拼音特点有利于人们通过其字形联想到其发音，并根据其发音判断其含义。英语字形的特征是具有线条感，由直线和曲线构成。该特征使英语单词具有流线形结构，所以书写起来比较便利、流畅，利于连写。与汉语的象形特征不同的是，尽管英文字母具有一定的会意性，但是没有任何的象形性，换言之，英文字母、单词的外形都与自然界的众多事物没有任何联系，因此不太容易引起人们对客观世界的联想。与此同时，西方拼音文字的构成方式也独具特点，如英语文字通过无意义的字母的线性连接来构成意义的最小单位——单词，然后再由单词的线性排列构成短语、句子和篇章。由于英语文字外形的立体感不强，并且没有任何的象形功能，因此西方世界逐渐形成脱离客观世界物象、纯粹借助文字符号的抽象思维。对比汉语语言词汇而言，英语语言词汇更具有抽象性和逻辑性。

(2) 汉语字词形态特征。在汉语中，很多单独的字也可称为词。迄今为止，人们发现最早的汉字源自石器时代的甲骨文；甲骨文之后，又有金文、大篆、小篆、隶书、楷书、行书、草书等；发展到当代，简体汉字成为大众使用最多的字体。从字形的变化来看，汉字从之前的象形字、会意字发展到如今的形声字，字形已经相对稳定。根据以上分析可以看出，汉字是一种历史悠久且生命力强大的文字，它还是世界文明古国的文字中唯一一种保留至今并被大量民众使用的文字。因此，汉字值得人们进一步学习和研究。

汉字形体具有如下基本特征。第一，汉字作为一种表意文字，它代表的是单音节的语素，其语言符号融合了语音、形态和语义三个方面的要素。第二，汉字的形态结构从高到低依次可分为四级：汉字作为表意的基本单元，处于最高层次；部件是中层结构，负责组合成不同的汉字；笔画构成了汉字的次低层次，是书写的基本单位；而笔形则是构成笔画的最低层次，是汉字书写的微观构成元素。汉字的基本笔画是点、横、竖、撇、捺、提、折、钩；笔画的组合又可以构成部件(偏旁)，如"氵"(两点水)、"讠"(言字旁)、"宀"(宝盖头)等；再由部件构成完整的汉字，如部件为两点水的次、冷、准，部件为言字旁的说、计、论，部件为宝盖头的字、定、宾等。第三，汉字的造字法有六种，即象形、指事、会意、形声、假借、转注。第四，各个偏旁、部件在拼合成字的时候，要注意平衡和对称，最终使字形呈现出结构规整的方块形。

汉字与其他语言文字相比，最突出的特点就是它的立体结构和象形性。汉字的字形便于"睹字识物、据形断义"，这主要是因为汉字是作为象形字产生的，并在很长一段时间内以象形字的形式被人们传播、使用。语言文字作为人类的创造物，本身就富含人类的思想和气息；而早期的汉字更是将人类赖以生存的大自然与客观世界存在的万事万物形象地反映在文字里，使人们在使用汉字时很容易联想到大自然和其中存在的事物。

随着时代的更迭、社会的进步，汉字为了适应人们的需求，逐渐演变为会意字、形声字。象形字的象形特征已不再像以前那样明显。但如果仔细观察，还是能从一些汉字的字形上看出早期象形字的迹象，如"山"字，其字形有如一座高高耸立的小山。即使是会意字、形声字，也是由象形字发展而来的，因此多少会带有一些象形字的特征。它们的偏旁部首或其他组成部分的形、义、声，会让人们间接地联想到客观世界的一些内容。例如，会意字"明"，通过观察可以发现，这个字由"日"和"月"组成，而"日"和"月"在汉语中分别代表"太阳"和"月亮"，进而联想到它们的共同特征是可以发光，表示明亮。这就是汉字形象性和描述性特征的体现。

（3）汉语、英语词汇形态差异带来的文化效应。汉语词汇的象形特征，亦即其形象性，构成了汉语言文字的显著特性。汉字的使用者能够轻易地在心智中将汉字与外部世界的客观事物相联系，观察到汉字时，便能唤起对相应事物的联想，从而在心智中形成这些事物及其外部世界的形象映射。英语语言词汇因其不具备形象性，所以基本上不会与外部世界产生联系，但英语的抽象性和逻辑性较强，这两种语言各自词形的特点必然会导致不同文化效应的产生。

第一，汉语使用者擅长形象思维，英语使用者擅长抽象思维。因为汉字具有很强的形象特征与描述特征，因此经常使用汉字的人在思考问题时往往会联想到现实世界的种种物象，长此以往就形成了形象思维。形象思维使中国人擅长观察、描述外部世界的各种景象、事物。中国人的这一思维特征在文学创作特别是诗歌、散文的创作上有比较明显的体现。这一点在汉语的古诗词中也可以看到，例如，唐代古诗《黄鹤楼送孟浩然之广陵》："故人西辞黄鹤楼，烟花三月下扬州。孤帆远影碧空尽，唯见长江天际流。"该诗主要描写了诗人送别朋友时的景象和心情，是唐代诗人李白的代表作之一。诗的第三句和第四句如同电影中的"蒙太奇"镜头，呈现出一幅水天交融、波澜壮阔的江景：放眼望去，宽阔的水面上只有一条船，那就是载有友人的船；船只渐行渐远，最后消失在了水天交汇之处。栩栩如生、生动形象的情景描写，表达了诗人对友人孟浩然的不舍之情。其中"孤""远""尽"三个字，淋漓尽致地体现出诗人的愁绪，抒发了诗人因朋友离去而产生的孤独；看到远处水天一色、长江滚滚的景象，联想到人的一生命运多舛、几经坎坷，大自然却始终如一，体现了诗人因故友离去、人生无常而产生的寂寞空虚、无法排解的惆怅心绪。诗人很好地利用了汉语言文字的优势，达到了自己借景抒情的目的。

西方人由于长期使用英语这种缺乏形象特征的语言文字和词汇，其形象思维能力的发展受到了限制。英语组词造句的逻辑性之所以比汉语更强，是因为英语反映了人们抽象思维的运行方式。经常使用英语会使人们的逻辑思维能力得到发展，尤其是抽象思维与思辨的能力。因为人们无法依靠英语词汇本身的形象展开联想，只能凭借该词汇所包含的抽象意义以及词汇之间的逻辑联系来进行思考。长此以往，西方人的抽象思维能力也就得到了反复的锻炼与提升。西方人的抽象思维能力强的表现之一就是西方历史上诞生了很多世界级的哲学家、思想家、辩论家与演说家。

第二，两种语言使用者对大自然的态度和情感不同。汉语、英语词形差异带来的文化效应还体现在两种语言的使用者对大自然的态度和情感不同：汉语的使用者对大自然有敬畏和崇拜之情，英语的使用者对大自然有战胜和征服之意。中国人是汉语的发明者和使用者。古代中国人将对大自然的敬畏和崇拜之情放在了汉语的创作和使用过程中。受地理条件和气候因素的影响，古代中国人在很久以前就过上了定居的农耕生活，大自然提供的优越的生存和居住条件，使人们逐步过上了安居乐业、丰衣足食的生活。大自然给予人们赖以生存的物质基础，人们也就真心地感谢自然、崇拜自然。中国人的思想和行为都蕴含着汉语的影响效应和诱导作用，这是因为人的行为是由思想支配的，而思想的发展与传播是以语言文字为载体的。汉语作为中国人的发明与创造，毫无疑问对中国人的思想和行为都产生了潜移默化的影响。

事实上，对比古代中国人的生产和生活，古代西方人的生存和发展更为艰险。他们曾在很长一段时间内都以游牧生活为主，居无定所，受气候变化、自然灾害等自然界客观因素的影响较大。游牧生活的艰险要求他们不能放松警惕，要时刻做好战斗的准备，所以培养了西方人不畏艰险、敢于冒险的精神。而西方抽象特征较强的拼音文字发挥出诱导和强化的功能，使西方人逐渐形成了以自我意识为中心，渴望征服自然、战胜自然、让自然为己所用的主观思想和心理暗示。这种思想观念发展到西方工业革命与信息时代时达到了高潮。直到20世纪下半叶，西方的一些有识之士才认识到这一思想的严重片面性，开始宣传保护自然环境、维持生态平衡的思想。

2. 英汉词汇的语义差异

（1）汉语的构词能力强。汉字由偏旁和部件组成，大部分汉字都有其特定的意义。例如，"绾"字的明确意义就是"把头发盘绕起来打个结"，因此"绾"字是单独的汉字，也是有特殊含义的词。除此之外，大部分汉字又可以与其他汉字组合生成新的词语，如点餐、订外卖、直播带货等。汉字新词的产生主要依靠原有汉字的变换组合，人们基本不再发明新的汉字。因此，经过几千年的发展，汉语的字数并没有增加很多，反而有一些汉字因为不被经常使用而变为"废字"，其总数也明显少于英语单词，这也说明了汉语的稳定性较强。

英语单词由26个英文字母构成，通常情况下称为词，不称为字。尽管部分英语单词也能和其他词组合形成合成词，但其组合能力比不上汉语。其形成新词的方法主要有三种：旧词添新义、旧词合成新词、创造新词。例如，当摄像机这一新事物出现时，英语将其命名为"camera"。从构词方式角度分析，这个词是几个无意义字母的拼合，不具备能表达摄像机"会意"特征的功效。而汉语则通过组合两个单词"摄像"与"机"来表示这种新事物。而且，这个词具有明显的会意特征，人们通过词的表现形式能猜到这是一种用于记录影像的机器设备。

（2）汉语多一字一义、一音多字的现象。语音与语义紧密相关，语音就是语义的声音符号。所以，我们可以从语音的角度分析英语与汉语在语义特征上的差异。

第一，汉语语音与语义的关系。

一是汉语中大部分汉字都是一字一音、一音一义，所以这些汉字就是一字一义。例如，"店"字，读音为"diàn"，其含义是进行商业经营的房屋，如店铺、店员、商店、书店、店肆、客店、旅店等。还有一部分汉字虽然是一字一音，但是一字多义。如"故"字，读作"gù"，有四层含义：①缘故，原因；②故意，有意；③原来的，目的；④意外的事。

二是汉语中一音多字的现象也很常见。一音多字就是指不同的字或者词具有相同的发音，即同音异形异义字。汉语字典或词典经常按照汉字的发音分门别类地收录和索引，这就说明在汉语中有大量的同音字、同音词。

三是汉语中一音多义的现象也很常见，这其实属于一字多义现象。一般是指同一个字发音相同却包含多种意义，如"举"字，其只有一种读音，却有"行为""往上托""推选"等词义。还有一种常见的情况是，同一个字在发音不变的前提下，与其他字搭配而产生不同的词义。例如，"光"字读作"guāng"，有七种常见的意义，它可以与其他汉字组成不同的词语表示不同的含义。

四是汉语中一字多音的现象也比较常见。一字多音指的是一个汉字在不同的语境中或与不同的汉字搭配时就会有不同的发音，也就是我们平常所提到的"多音字"现象，这种现象多出现在常用字词中。

第二，英语语音与语义的关系。

一是英语中一词一义的情况还是很常见的,但其一词多义的现象也有很多,甚至比汉语还多;而且很多功能词、常用词的义项数量也明显比汉语要多,以至于在许多场合,只能依靠上下文或者语境来辨析词义。

二是英语中的一词多音现象,也就是同形异音异义词的数量也比汉语要多。这种词基本上都不改变单词的拼写,只改变词的重音、辅音音素及词性、词义方面的表达。还有一种词源完全不相同的同形异音异义词,其发音和词义有很大的差别。

三是英语中的一音多词现象,也就是同音异形异义词的数量比汉语中同类词的数量要少,只有 our、hour 等有限的几十组词。除此之外,其同音同形异义词的数量也不多,只有 book(书)和 book(预订)、account(账户)和 account(解释、理由)等;而一部分同音同形异义词的词义只是轻微地发生了变化,如"aim"用作名词时表示"目的",用作动词时表示"瞄准"。

四是英语中存在的同义词或近义词的数量在所有语言中是最多的,其主要原因是英语是一种包容性很强的语言,英语在发展变化的过程中吸收了大量其他语种中的词汇表达。英语中存在的同义词或近义词的数量最多,这包含两个方面的含义:一方面,是指其所有同义词或近义词相加得到的总数最多;另一方面,是指就某一词义而言,其每组同义词或近义词的数量远多于其他语言。例如,"工作"一词,其汉语的同义词或近义词有"岗位""职业""职务"等,而英语则有 work、job、task、mission、post 等。

(3)汉语与英语的语义差异造成的文化效应。汉语与英语的语义差异所造成的文化效应主要包括以下几个方面。

第一,从词语的记忆积累而言,汉语比英语容易。在学习这两种语言的过程中,汉语词语更容易被理解和记忆的主要原因包括三个方面。其一,汉字的组词能力很强,基本上所有的新生词汇都是用之前就被大家熟知的旧词组合而成,所以汉字的总字数没有变。其二,汉语词语的组合方式以会意方式为主,因此人们可以望文生义。如此一来,人们就不用记住所有的汉字,而是只掌握最常用的 3000 个汉字就能满足一般的学习和生活需求。其三,由于汉字具有象形特征和会意特征,所以即便人们遇到没见过的词组或者短语,也可以借助组成该词组或者短语的汉字的字义来推断整个词组或短语的含义。

与跟汉语相比,英语中的词汇没有那么容易理解和记忆,这主要是因为:其一,英语中只有词语但是没有字,这就造成英语单词的组合能力差一些,很多新词的产生需要人们采用新的表达方法,而且有大量表示事物名称的名词都是一词一义,这就造成了英语词汇总量的庞大;其二,英语这种拼音文字没有象形特征和会意特征,所以阐释的功能要弱一些。人们看到没学过的词,便难以猜测其含义,这就不利于人们在遇到生词时，可以快速地理解词义，并顺利完成阅读。

第二，从词语的表意功能而言，英语词比汉语字精确，而汉语词比英语词明确。汉语中最小的语义单位是"字"；而在英语中，"词"是表层结构最小的语义单位。汉语中有字、词之分，而英语中只有词。汉语中可以单独使用常用字、功能字来描述事物或下达指令，这部分字只占所有汉字的一小部分。这部分字在语义层面上，通常表达的含义比较宽泛、笼统，不是很精确。例如，"车"字可以单独使用，人们可以说"我买了一辆车"，但这辆"车"具体是什么车，是什么品牌、型号、大小，都无法分辨。在用"车"组词后，可以得出"轿车""货车""客车"等词语。由此可以看出，汉语中的词语表达要比单个字的表达更加具体明确。

需要注意的是，汉语中有一些汉字虽然也有基本的、笼统的字义，但是单个字却无法使用，因为其表达不了明确的意义。例如，"瞩""愕""窥"等，只有在组成"瞩目""惊愕""窥探"等词后才能正常使用。此外，汉字中还有一部分特殊的叠字结构词语，就是相同的汉字可以重叠使用，如三字词组：暖洋洋、亮晶晶、肉嘟嘟、傻乎乎、白茫茫、气冲冲、乐滋滋等；还有一些四字重叠词组：高高兴兴、匆匆忙忙、慌慌张张、吞吞吐吐、朝朝暮暮、婆婆妈妈等。这些词组的精确程度和形象程度甚至超过了英语。而英语词语的优势在于无论是单义词还是多义词，都能表达明确的含义，不需要以组词为前提。所以从整体来讲，英语词语的指向性较强。

第三，从词语的语义表达而言，汉语的概括性更强，而英语的逻辑性更强。分析这两种语言的语义表达可以看出，汉语的概括性更好，而英语的逻辑性更好。汉语的概括性好主要体现为汉字的概括性较好，该特点在古代汉语中得到充分的体现。例如，孔子曾说："志于道，据于德，依于仁，游于艺。"这十二个字十分简单明了地概括出了孔子的为人处世之道，即以道为志向，以德为根据，以仁为依靠，而游憩于礼、乐、射、御、书、数六艺之中。而由于英语单词的表意相对精确且具有严密的句法结构，所以英语的逻辑性很强，使用英语进行辩论演讲、说理分析会很有优势。

二、英语词汇教学与多元文化的融合方法

(一) 词源分析法

词源分析法就是通过分析词汇出处或者来源的方法来探讨词汇文化内涵以及深层含义的方法，这一方法特别适用于讲授一些包含英语典故文化的词汇，如历史事件词汇、神话传说词汇、文学作品词汇、体育典故词汇、现当代经典词汇、莎翁戏剧词汇等。

第一，历史事件词汇。在英语文化中，众多词汇的起源可追溯至欧洲或美洲国

家的历史事件。例如,"gold rush"(淘金热)这一词语,便是用来比喻在一段特定时间内人们纷纷投身于某项活动的高潮,这一词语源自美国历史上西部地区曾盛行的淘金活动。

第二,神话传说词汇。英语中很多词汇来源于西方古代的经典作品,其中古希腊和古罗马的神话传说占了很大一部分,如"a Herculean task"(赫拉克勒斯的任务)一词。这个词语的典故来自古希腊神话。赫拉克勒斯(Hercules)是宙斯(Zeus)之子,拥有极大的力气,因此被称为大力神,所以该词喻指艰巨的、一般人完成不了的任务。

第三,文学作品词汇。英语中还有很多词汇来源于文学作品。例如,人们用 Odyssey 来喻指困难重重、充满艰险的历程。在英语文化中,*Odyssey*(《奥德赛》)是古希腊的两大史诗之一,是盲人诗人荷马的著作。

第四,体育典故词汇。西方英语国家中,尤其是美国有着优良的体育传统和庞大的体育产业。很多西方人十分喜爱体育运动,热衷于健身,人们在日常聊天时也喜欢讨论与体育相关的话题,因此很多体育运动的术语在人们的日常生活中十分流行。长此以往,橄榄球、棒球、拳击等体育项目的术语就通过意义的转换而变成广泛应用于日常生活领域的语言表达,并最终演变为典故。例如,hat trick(帽子戏法)源自魔术师用帽子变的戏法,后来这一术语被应用于板球、足球和曲棍球领域,指一个板球投手连续三次击中木门或一个足球运动员自己在一场比赛中踢进了三球。

第五,现当代经典词汇。英语还擅长从现当代经典文学、影视作品中取材,丰富其词汇。例如,Snoopy(史努比)、Tarzan(人猿泰山)、Spider-Man(蜘蛛侠)、Superman(超人)、Zorro(佐罗)、Pinocchio(匹诺曹)等是出自影视剧中的词汇表达。Uncle Tom(汤姆叔叔)出自小说 *Uncle Tom's Cabin*(《汤姆叔叔的小屋》);Black Humor(黑色幽默)来自小说 *Catch-22*(《第二十二条军规》);Shangri-La(香格里拉)出自 *Lost Horizon*(《消失的地平线》),等等。

第六,莎翁戏剧词汇。莎翁是英国诗人、文学家威廉·莎士比亚的昵称。由于莎士比亚的作品都十分经典,很受大家欢迎,因此莎士比亚在文学作品中的一些表达逐渐发展为具有特色文化含义的词汇。例如,salad days(色拉岁月)喻指天真烂漫、缺乏人生经验的青少年时期,表达出自莎士比亚编写的罗马悲剧《安东尼与克莉奥佩特拉》。在该剧中,埃及女王声称自己与罗马统帅交往是在自己的青少年时期。

为了帮助学生更加直观、形象地了解词汇的来源及其文化内涵,高校英语教师可以借助生动、形象的教学工具辅助教学。比如制作相关的多媒体课件或寻找一些短视频,帮助学生加深对相关词汇所产生的文化背景的认知度,并对词汇的文化内涵和应用场景产生深刻的理解。

（二）案例分析法

案例分析法是英语教师在词汇教学中采用的一种有效方法，旨在通过展示真实跨文化交际活动的案例来教授英语词汇和文化知识。教师需要精心选择具有代表性且与文化紧密相关的词汇作为教学案例。这些词汇可以涉及不同文化背景下的节日、习俗、食物、传统等各个方面。例如，"中秋节"这个词语，它在中国文化中具有重要的象征意义。在这个案例中，教师可以介绍中秋节的起源、庆祝方式以及与之相关的传统习俗，如赏月、吃月饼等。同时，教师还可以引导学生探讨中秋节在不同地区的庆祝方式是否有所不同，以及这些差异是怎样反映不同地域文化特色的。

在案例分析过程中，教师还可以结合具体的语境和情境，帮助学生更好地理解和运用词汇。例如，可以模拟一个中秋节庆祝活动的场景，让学生在模拟的语境中学习和使用与中秋节相关的词汇及表达方式，这样可以使学生更加直观地感受到词汇在实际交流中的应用，提高他们的语言运用能力。此外，教师还可以将此作为课后作业，要求学生收集并整理相关资料，以加深对于那些造成了交际冲突的词汇所包含的文化内涵的理解。这不仅能帮助学生巩固课堂所学，还能拓宽他们的英语文化知识视野。

（三）文化对比法

文化对比法是讲授英语词汇与汉语词汇文化差别的有效方法。只有通过对比才能突出英语文化与汉语文化的异同，才能让学生理解并记忆英语词汇的深层含义。因此，英语教师在介绍具有文化特色的英语词汇时，应事先对其相关文化有所了解。通过对比，才能讲授两种语言词汇之间的差异，才能体现两种文化之间的共性与个性。

耕牛在中国古代的农村生活中占有重要地位，因为耕牛是农民耕地的好帮手，因此汉语中创造了许多与"牛"相关的词语，赋予了"牛"以特殊的文化内涵。例如，牛喝水很多，并且喝水时大口大口地喝，所以形容人大口喝水为"牛饮"。而在英国，由于人们傍水而居，所以生活环境中鱼类很多，用"drink like a fish"来形容人大口喝水。又如，牛在中国是最重要的田间劳作畜力，给人一种兢兢业业、勤奋耕耘的印象，因此人们用"孺子牛""老黄牛"来形容无私奉献、任劳任怨的人民公仆。但在英国，牛在人们的眼里都是缺点，如"throw the bull"意为胡说八道。但英国人早期用马耕地，因此马在英语中有能干、健壮的意义，如"as strong as a horse"（像马一样强壮）、"work like a horse"（工作很卖力）等。

英语教师在介绍数字在英语中的文化内涵时，可以通过对比中国人和西方人对不同数字的喜好的方法来进行讲解。例如，西方文化中有"lucky seven"的说法，由此可见，西方人对数字"七"的喜爱。每逢7月，西方国家就会有很多新人举行婚礼，尤其在7月7日这一天，结婚的人特别多。而在中国广东方言中，"七"和"出"谐音，有着钱财流出的含义；在汉语普通话中，"七"和"气"谐音，表示生气、不愉快，因此部分中国人不喜欢"七"这个数字。

第三节　英语语法教学及其与多元文化的融合

一、英语语法教学的作用与英汉语法差异

(一)英语语法教学的作用

第一，语法具有调整作用。在学习一门语言的过程中，单纯学习语音和词汇是不足以掌握其正确用法的。这是因为词汇必须遵循特定的语法规则，才能组合成具有实际意义的句子。对于高校学生而言，他们已经积累了大量语言素材，包括词汇和短语等。凭借这些素材，他们能够构建出许多句子，表达多样意思。然而，由于语言能力的局限，他们在组织句子时常常会出现句式混乱、成分不明晰等问题。在这种情况下，就需要运用语法知识来进行调整，以确保句子的表达更加清晰、准确。通过语法知识的运用，高校学生不仅能够提升语言表达的规范性，还能进一步加深对语言结构和规则的理解。

第二，语法能够帮助学生掌握语言成分。每一种语言都是一个成分繁多、结构复杂的庞大系统，而作为语言的一个重要组成部分——语法，本身即由很多子系统构成，每个子系统都有一定数目的语法规则，都包含一定数量的语言成分，所以语法教学的开展在很大程度上减轻了语言教学的工作量。学生在学习语法过程中，要清楚各个语法成分的功能和应用。教师也可以此为依据，明确语法教学的各个目标。

第三，语法可以促进语言的学习。从学生的角度出发，如果他们对外语学习有着足够的兴趣，并具备较强的学习能力，那么他们不用接受系统的语法知识教学也能达到较高的语言水平。但在表达语言的过程中，他们总是会存在各种问题：一是错误的语言习惯一旦形成且无法及时纠正就容易持续存在，后期也不易更改；二是语言表达能力达到一定水平就难以提升，形成语言学习的"石化现象"①。如果教师针对以上现象进行语法教学，就能帮助学生解决这些问题，提高学生的外语语言能力，促进该语言的继续学习。

---

① 石化现象，是指外语或第二语言学习者长期处于中介语状态，而没有达到完全掌握外语或第二语言系统的现象。

(二) 英汉语法的差异体现

词法与句法是英语语法教学的两个主要方面，下面以句法为例，阐述英语与汉语在语法上的差异。句法是指句子的各个组成部分以及相互的排列顺序。汉语和英语在句法上的差异较大，主要体现在基本句型、主谓结构、句式、时态等方面。

1. 英汉基本句型的差异

英语中的基本句型只有五种，即主谓句型、主谓宾句型、主谓表句型、主谓+双宾语句型、主谓宾+宾语补语句型。各种类型的长短句，如组合句、倒装句、变式句等都是由上述基本句型演变而来的。与英语句型种类相比，汉语的句型种类更加丰富。按照表意功能与表达方式，可分为话题句、祈使句、关系句、存现句等。

(1) 英语常用基本句型。

第一，主语+谓语。

示例：The door bell rang.

译文：门铃响了。

第二，主语+谓语+宾语。

示例：The kid surprised me.

译文：这个孩子让我感到很惊讶。

第三，主语+谓语+表语。

示例：Tom looks happy.

译文：汤姆看起来很高兴。

第四，主语+谓语+间接宾语+直接宾语。

示例：She provided us a comfortable room.

译文：她给我们提供了一个舒适的房间。

第五，主语+谓语+宾语+宾语补语。

示例：He painted the wall yellow.

译文：他把墙涂成了黄色。

(2) 汉语常用基本句型。

第一，说明句：主题语+说明语。

示例：今天星期五。

译文：Today is Friday.

第二，描述句：主题语+描写语。

示例：屋子空空荡荡。

译文：The room is empty.

第三，话题句：话题语+评论语。

示例：他不会撒谎。

译文：He won't lie.

第四，呼吁句：在交谈过程中相互应对或感叹的句子。

示例：是的，她是一个伟大的母亲！

译文：Yes, she is a great mother!

第五，存现句：表示人或事物存在或消失的句子。

示例：远方走来了一个模糊的人影。

译文：A vague figure came from afar.

第六，有无句：所有者+所有物。

示例：我有车。

译文：I have a car.

第七，施事句：施事者+动作语。

示例：她在尝试做一道美食。

译文：She is trying to cook a delicious food.

第八，祈使句：表达要求、命令或请求。

示例：请回答我的问题。

译文：Please answer my question.

第九，关系句：用于表达各种关系。

示例：因为他学习非常努力，所以考上了大学。

译文：Because he studied very hard, he was admitted to the university.

2. 英汉主谓结构的差异

英语和汉语的句型和句式差异较大，但也有相同之处，如都含有主谓结构。但汉语和英语的主谓结构也不是完全一致的，而是存在一定的差异。相对于英语而言，汉语的主谓结构更加复杂，这主要体现在两个方面。其一，在形式上，汉语主语类型多样，并且在符合语法规范且不影响句子理解时既可以出现，也可以不出现。其二，在语义上，汉语主语既能表示施事者，又能表示受事者；既能表示时间，又能表示地点；既可以是名词，也可以是动词或者形容词。而在英语句子中，主语在绝大多数情况下是不能缺失的，并且有严谨的主谓一致规定，通常由名词性短语和动词性短语构成。换言之，英语句子具有主次分明、层次清晰、逻辑清楚、严谨规范的特点。

例1：作业（受事主语）写完了。

译文：The homework has been finished.

例2：全村到处在盖新房。

译文：New houses are being built all over the village.

在例1中，homework和作业都是句子的主语，且都表示受事。汉语句子中的"作业"在有上下文语境支持的情况下可以省略，不影响读者理解；而英语句子中的"The homework"则不能省略，只能用代词代替。除此之外，例2中英汉主语表示的意义也不相同，英语句子中的"New houses"表示受事，而汉语句子中的"全村"却表示地点主语。

3.英汉在句式上的差异

英语和汉语在句式上的差异主要表现为英语多长句，汉语多短句。这种差异产生的主要原因是：英语是形合语言，注重结构的完整，因此只要结构允许，不同的意思也可以放在一个比较长的句子中论述；而汉语属于意合语言，注重语义的表达，因此不同的含义要放在不同的句子中来表达。

4.英汉句子的时态差异

英汉句子的时态差异也是这两种语言表达的明显差异之一。汉语句子多使用主动语态，虽然汉语中也有像"被""由"之类的词表示某个动作的发生是被动的，但这种表达还是少数；而在英语句子中，被动语态是很常见的，因此很多汉语中的主动表达翻译成英语就变成了被动。以下是一组常用的英文短语：

必须指出……	It must be pointed out that...
必须承认……	It must be admitted that...
人们认为……	It is imagined that...
不可否认……	It can not be denied that...
由此可知……	It will be seen from this that...
必须认识到……	It should be realized that...
人们（总是）强调……	It is（always）stressed that...
可以毫不夸张地说……	It is no exaggeration to say that...

二、英语语法教学与多元文化的融合策略

（一）英语语法教学内容有针对性和选择性

基于多元文化的发展环境，英语教师应该根据英语语法教学的教材，结合学生的实际掌握情况，有针对性地选择教学内容。这个过程一般包括两个步骤：第一，在正式授课之前，教师可以通过调查问卷或基础测试的形式，检验学生对英语语法的掌握情况，然后在备课时重点准备学生掌握欠佳的语法内容，通过课堂教学帮助

学生温故知新，打好学习新的语法知识的基础；第二，为了进一步提高学生学习英语语法的积极性和兴趣，教师可以将语法教学与文化教学有机地结合在一起。例如，在举例讲授句法知识时，在例子中加入文化知识的内容，帮助学生加深语法学习的印象，了解英语注重逻辑思维和抽象思维的特点。

(二) 英语语法教学与技能培养相互结合

多元文化背景下的英语语法教学不应再以支配性的角色独自出现，而应与其他技能培养相结合，如与英语听力技能和口语技能的培养相结合。听说能力的培养是为了发展学生的英语综合应用能力，这一点与语法知识的学习是不矛盾的，因为语法教学的目的也是帮助交际者更有效地表达和传递信息，以推动交际的进行，实现理想的交际效果。

(三) 采取多元文化下的交互式教学方法

多元文化下的交互式教学方法，是指高校英语教师通过设计和开展交互式教学活动传授给学生英语语法知识和英语文化知识的方法。交互式教学活动一般有三种类型，除了常见的师生互动和学生之间的互动，还包括学生与计算机多媒体设备之间的互动。很显然，学生与计算机多媒体设备之间的互动需要借助多媒体教室和网络信息技术，这就需要学校提供相应的教学条件。无论是哪种类型的互动，都需要教师精心设计互动方式和互动内容，这都是为了加深学生对各类语法知识的理解和各类文化知识的掌握。

第四章　英语听力教学及其与多元文化的融合创新

英语听力教学是语言学习过程中的关键环节，它不仅涉及对语言本身的理解，还包括对文化背景的把握。在全球化的今天，将多元文化融入英语听力教学变得尤为重要。本章重点探讨英语听力教学的目标与内容分析、英语听力教学的现状与策略解读、基于多元文化的英语听力教学革新三个部分。

第一节　英语听力教学的目标与内容分析

一、英语听力教学的目标

"提升高校大学生听力能力是高校英语教学中的重要目标之一"[①]，所以，高校英语教学目标是培养学生的英语应用能力，增强学生交际意识和交际能力，同时发展自主学习能力，提高综合文化素养，使他们在学习、生活、社会交往和未来工作中能够有效地使用英语，以满足国家、社会、学校和个人发展需要。

高校英语教学的目标被划分为三个层次：基础、提高和发展，以适应不同学生的学习需求和学术背景。基础层次的教学目标主要针对非英语专业的学生群体，旨在满足他们在英语学习上的基本要求。提高层次的教学目标则针对那些具备较高英语水平和对英语有进一步学习需求的学生，旨在提高他们的英语应用能力。而发展层次的教学目标则是根据高等教育机构的人才培养目标及部分学生的个性化需求而设定，以促进学生在英语听力等方面的全面发展。这种分层次的教学目标体系不仅与英语教学形成有效衔接，而且为各高校提供了根据本校实际情况自主确定教学起点和选择相应教学目标的空间。通过这种灵活和开放的课程设置，可以更好地满足学校、各学院及学生的个性化需求，从而提高英语教学的质量和效果。

就英语听力教学而言，其基础目标要求学生能够理解日常话题的简单英语对话，把握慢速音视频材料的主旨和要点，以及理解英语授课的相应级别课程内容和与未来工作相关的基本指令。提高目标则要求学生能够理解日常英语对话和公告，掌握

---

① 靳昭华，王立军. 输出驱动理论在高校听力教学中的应用[J]. 中国市场，2015(28)：2.

中等语速的英语广播、电视节目的主要内容，并能够理解专业课程的英语授课和与工作相关的口头介绍。发展目标则进一步要求学生能够理解英语广播电视节目的广泛主题和内容，捕捉关键信息，并能够理解专业课程、讲座及与工作相关的演讲和会谈，同时恰当地运用听力技巧。这些目标的设定旨在全面提高学生的英语听力能力，为其在学术和职业领域的成功奠定坚实的基础。

二、英语听力教学的内容

(一) 英语听力的知识教学

英语听力知识教学是英语教学中不可或缺的一部分，对提高学生的英语听力技能具有至关重要的作用。英语听力的知识教学主要包括以下几个方面。

第一，语音知识。语音知识是听力理解的基础，它包括音素、音节、重音、连读、弱读、同化等基本语音现象的识别和理解。学生需要通过大量的听力练习，熟悉英语的发音规则和语音变化，从而提高对英语口语的辨识能力。此外，教师还应引导学生了解不同英语口音的特点，如美式英语和英式英语的差异，以便在实际交流中能够更好地理解各种发音。

第二，语用知识。语用知识涉及语言在特定情境中的使用方式，这包括对日常对话、公共场合的广播、学术讲座等不同语境下的语言特点的理解。学生需要学会根据上下文检索，判断说话者的意图和话语的隐含意义。教师可以通过模拟真实场景的听力练习，帮助学生掌握在不同语境下的听力技巧。

第三，策略知识。策略知识是指学生在学习过程中采用的有效听力策略，包括预测、归纳、总结、记忆和反思等。教师应教会学生如何运用这些策略来提高听力效率，如通过预测来激活背景知识、通过归纳和总结来整理信息、通过记忆和反思来巩固和提高听力理解。通过策略知识的学习，学生能够更加主动和有目的地进行听力训练。

第四，文化知识。文化知识在英语听力教学中同样占有重要地位。语言是文化的载体，对目标语言国家的文化背景了解越深入，听力理解就越容易。文化知识包括社会习俗、价值观念、历史背景、节日庆典等方面。教师可以通过介绍相关的文化背景知识，帮助学生更好地理解听力材料中的文化元素和语境含义。

(二) 英语听力的技能教学

听力技能的培养是英语学习中的重要环节，它不仅涉及语言知识的积累，还包括一系列认知能力的提高。

第四章　英语听力教学及其与多元文化的融合创新

第一，辨音能力。辨音能力是听力技能的基础，涉及对英语音位、语调、重音、意群和音质的准确识别。在教学过程中，教师可以通过多种方式来训练学生的辨音能力。例如，通过听音辨词练习，学生可以学习区分相似音位的单词；通过模仿和跟读，学生能够更好地掌握英语的语调和节奏；通过听力理解练习，学生可以提高对重音和意群的敏感度。此外，音质的辨别也非常重要，它有助于学生在听到不同口音和语速的英语时，能够准确理解说话者的意图和其中包含的信息。

第二，交际信息辨别能力。交际信息辨别能力是指在听力过程中，学生能够识别并理解说话者所使用的交际指示语。这些指示语包括新信息的引入、例证的提供、话题的结束及话轮的转换。教师可以通过设计特定的听力任务，如角色扮演、对话理解和讨论等，来帮助学生提高对交际指示语的敏感度和理解能力。这样，学生在实际交流中能够更加迅速和准确地把握对方的思路和意图，从而提高交际的效率。

第三，大意理解能力。大意理解能力是指学生在听力过程中能够把握话语的主题和意图，是听力理解的基础，也是进行深入分析和讨论的前提。教师可以通过引导学生进行主题预测、主旨归纳和意图推断等活动，来提高他们的大意理解能力。此外，通过讨论和总结听力材料的主要内容，学生可以更好地理解和记忆所听内容的核心信息。

第四，细节理解能力。细节理解能力是指学生能够准确获取听力材料中的具体信息。在英语学习和考试中，这一能力对提高答题准确度至关重要。教师可以通过设计包含具体信息的听力题目，如事实细节题、推理判断题等，来训练学生的细节理解能力。同时，教师还应教会学生如何运用逻辑推理和上下文检索来辅助理解细节信息。

第五，选择注意力。选择注意力是指学生能够根据听力的目的和重点，有选择地关注听力材料中的信息。这种能力对提高听力效率和理解深度非常重要。教师可以通过模拟不同的听力场景和任务，如新闻报道、学术讲座、日常对话等，来训练学生的注意力选择。通过训练，学生可以学会如何在复杂的听力环境中，快速识别和关注与任务相关的信息。

第六，记笔记。记笔记技能是指学生能够在听力过程中，根据要求选择适当的方式进行信息记录。良好的记笔记技能可以帮助学生提高听力记忆效果，尤其是在处理大量信息时。教师可以通过教授不同的记笔记方法，如缩写、符号、图表等，来帮助学生掌握有效的记笔记技巧。此外，教师还应引导学生如何在听力过程中进行信息的筛选和整理，以确保记笔记的效率和准确性。

(三) 英语听力的理解教学

英语听力知识和听力技能的学习旨在服务于英语听力理解。由于语言的使用目的、交际者的不同文化背景等因素，同一话语可能带有多种语用含义。因此，正确理解话语，尤其是在英语听力教学中，成为一个重点的同时也是一个难点。在听力理解的教学过程中，教师应引导学生不仅理解话语的字面意义，更要掌握如何捕捉和理解话语的隐含意义，从而提高他们的英语综合语用能力。具体而言，高校英语听力理解主要包括以下阶段。

第一，辨认。辨认主要包括语音辨认、信息辨认、符号辨认等方面。辨认有不同等级，最初级的辨认是语音辨认，最高级的辨认是说话者意图的辨认。教师可以通过正误辨认、匹配、勾画等具体方式，训练和检验学生的辨别能力。

第二，分析。分析要求学生能够将听到的内容转化到图、表中。这个阶段要求学生可以在语流中辨别出短语或句型，以此大致理解日常生活中的谈话内容。

第三，重组。重组是英语听力理解过程中的一个重要环节，它要求学生在听完一段材料后，能够运用自己的语言能力，将所吸收的信息重新组织并以口头或书面的形式表达出来，这个过程不仅考验了学生对听力材料的理解程度，还锻炼了他们的语言组织能力和表达技巧。通过重组，学生能够更深刻地消化和吸收新信息，同时也能够检验和巩固自己的语言知识。在这个阶段，学生需要运用到诸如概括、归纳、解释和评价等多种语言和思维技能，这对于提高他们的批判性思维和创造性思维能力具有积极作用。教师在指导学生进行重组练习时，应鼓励他们发挥创造性，不仅局限于原文的字面意义，而是能够结合自己的理解和观点，进行有效的信息转换和表达。

第四，评价与应用。评价与应用是听力理解的最后两个阶段，要求学生在辨认、分析、重组三个阶段，即获得、理解、转述信息基础上，运用个人语言对所获得的信息进行评价和应用。在实际教学中，可以通过讨论、辩论、问题解决等活动进行。

第二节 英语听力教学的现状与策略解读

一、英语听力教学的现状

在当前的教育环境中，高校英语听力教学面临一系列挑战和机遇。

第一，教学资源与技术的融合。随着信息技术的迅速发展，高校英语听力教学资源得到了极大的丰富和拓展。传统的听力教材和录音材料已经逐渐被在线课程、播客、视频等多媒体教学资源补充，这些资源丰富了教学内容，提供了更真实、更多样化的听力材料，有助于提高学生的听力水平和兴趣。同时，智能化的教学辅助工具，如语音识别和分析软件，也为教师提供了更精准的评估和反馈手段。然而，这种技术与教学的融合也带来了挑战，如数字鸿沟（是指在全球数字化进程中不同国家、地区、行业、企业、社区之间由于对信息、网络技术的拥有程度、应用程度及创新能力的差别而造成的信息落差及贫富进一步两极分化的趋势）可能导致部分学生无法充分利用这些资源，教师也需要不断更新自己的技术能力以适应新的教学环境。

第二，教学方法的多样化与创新。高校英语听力教学方法正在经历一场变革。传统的以教师为中心的教学模式逐渐让位于更加互动和以学生为中心的方法。例如，任务型教学法、合作学习、翻转课堂等教学策略被广泛应用于听力课堂，旨在提高学生的主动参与度和自主学习能力。此外，教师也越来越重视培养学生的批判性思维和跨文化交际能力，通过设计具有挑战性的听力任务和讨论活动，鼓励学生深入分析和反思所听材料。然而，这些教学方法的实施需要教师具备相应的教学设计能力和课堂管理技巧，同时也要求学生具备一定的自我学习能力和参与度。

第三，学生听力能力的不均衡发展。尽管高校英语听力教学在资源和方法上有所改进，但学生的听力能力发展仍然存在不均衡的现象。一方面，部分学生的英语基础较为薄弱，他们在听力理解和应用上面临较大困难，需要更多的个性化指导和支持；另一方面，一些英语水平较高的学生则可能对常规的听力教学内容感到不满足，他们需要更具有挑战性和深度的学习材料来进一步提高自己的能力，这种不均衡要求教师在教学中采取差异化教学策略，满足不同学生的学习需求。同时，高校也需要提供更多的辅导和支持服务，如英语角、听力工作坊等，以帮助学生提高听力水平。

综上所述，高校英语听力教学在资源、方法和学生能力方面都面临新的挑战和机遇。教师需要不断更新自己的教学理念和技能，利用丰富的教学资源和多样化的教学方法，以适应教育环境的变化。同时，高校应当关注学生的个体差异，提供必要的支持和服务，以促进学生听力能力的全面发展。通过这些努力，高校英语听力教学有望实现更高效、更公平的教学效果。

二、英语听力教学的策略

（一）优化听力技巧的训练

1. 利用视觉信息训练英语听力

在英语听力教学中，视觉信息的运用是一种有效的辅助手段，它能够增强学生的理解和记忆，提高听力学习的效果。视觉信息的使用不限于传统的文字和图片，还包括图表、动画、视频等多媒体元素。这些视觉工具能够在听的过程中为学生提供额外的上下文线索，帮助他们更好地把握听力材料的主题和细节。例如，在教授有关旅游主题的英语听力课程时，教师可以展示一系列与旅游相关的图片，如名胜古迹、交通工具、地图等，这些图片不仅能够吸引学生的注意力，还能够在他们的大脑中迅速建立起与听力材料相关的图像，从而加深对听力内容的理解和记忆。同时，教师还可以利用图表来展示旅游数据或统计信息，帮助学生理解听力材料中提到的旅游趋势和特点。

此外，动画和视频也是听力教学中不可或缺的视觉工具。动画可以通过生动的形象和动作，帮助学生理解复杂的概念或过程。例如，在讲解英语中的动物词汇时，通过播放动物行为的动画，学生可以更直观地理解每个动物的特点和习性。视频则能够提供真实的语言环境和情境，使学生能够在真实的语境中训练听力。例如，播放一段关于外国节日庆典的视频，学生不仅能够学习到相关的词汇和表达，还能够通过观察视频中的场景和人物行为，更好地理解节日的文化背景和意义。

在听力教学中，教师还可以利用视觉信息来设计互动活动，提高学生的参与度和兴趣。例如，通过图片匹配游戏，学生需要听一段描述音频并从一系列图片中选择正确的一张；或者通过观看视频并回答问题，学生可以在真实的语境中训练听力和理解能力。这些活动不仅能够巩固学生的听力技能，还能够激发他们的学习兴趣。

综上所述，视觉信息在英语听力教学中的应用极大地丰富了教学手段，提升了教学效果。教师应根据教学内容和学生的需求，灵活运用各种视觉工具，创造一个多模态的学习环境，帮助学生在视觉和听觉的双重刺激下，更有效地提高英语听力水平。

2.利用听觉信息训练英语听力

在英语听力教学中，听觉信息的运用是提高学生听力理解能力的关键环节。听觉信息，尤其是语气和语调的辨识，对准确把握说话人的意图和情感态度至关重要。在英语听力教学实践中，高校教师可以通过多种方式利用听觉信息来训练学生的听力技能。

（1）高校教师可以设计一系列的听力练习，专注于语气和语调的识别。例如，教师可以选取一段对话，其中包含了多种不同的情感表达，如惊讶、怀疑、兴奋等，并要求学生在听完后描述说话人的情感状态。通过这样的练习，学生能够学会从声音的细微变化中捕捉情感信息，进而提高对英语口语的理解能力。

（2）高校可以利用现代技术手段（如音频编辑软件）来制作具有不同语气和语调的听力材料，这些材料可以是模拟真实场景的对话，也可以是摘自电影、电视剧的片段。通过对比不同说话人的语气和语调，学生可以更深入地理解英语中的表达方式和文化差异。例如，一段关于英国人和美国人在表达同一观点时语气和语调的差异的材料，可以帮助学生理解不同文化背景下的交流习惯。

（3）角色扮演和模拟对话是训练学生理解语气和语调的有效方法。在这些活动中，学生需要模仿不同的语气和语调来表达特定的情感或意图。例如，学生可以模拟一段顾客与服务员之间的对话，通过改变语气和语调来表达满意、不满或紧急等不同的情绪。这种实践活动不仅能够提高学生的听力理解能力，还能够锻炼他们的口语表达和交际技巧。

（4）高校可以通过举办讲座和研讨会，邀请英语母语者或经验丰富的语言教师来分享他们在理解和使用语气、语调方面的经验和技巧。学生可以通过这些活动，接触到更丰富的语言材料和现场交流场景，从而加深对英语语气和语调的理解。

3. 利用已有知识训练英语听力

利用学生已有的知识进行英语听力训练是一种高效的教学策略。已有知识不仅涵盖了学生已经掌握的语言技能，还包括他们对世界的认知，如基本的生活常识、科学知识以及对英语国家文化的了解，这些知识能够帮助学生在听力理解过程中建立联系，更好地把握听力材料的含义。

（1）如果学生正在学习关于环境保护的英语材料，教师可以先引入一些关于气候变化、可再生能源和可持续发展的基本概念。这样，当学生听到相关的英语新闻报道或讲座时，就能够利用已有的知识背景来更好地理解内容。例如，听到一段关于太阳能发展的英语播客时，学生可以依靠自己对可再生能源的知识来理解演讲者的观点和论述。

（2）教师可以利用学生对英语国家文化背景的了解来提高听力效果。例如，在讨论英国的节日时，教师可以播放一段关于圣诞节传统和庆祝活动的英语视频，学生通过已有的文化背景知识，如圣诞老人、圣诞树和礼物交换等，能够更加轻松地理解视频中的内容，即使某些词汇和表达方式他们并不熟悉。

（3）在听力练习中，教师可以设计一些活动，让学生将已有知识与听力材料结合起来。例如，教师可以提供一个关于英语国家的简短介绍，然后播放一段相关主题的英语纪录片。学生在听的过程中需要记录关键信息，并在听完后与同学们讨论和分享他们的理解，这样的活动不仅能够加深学生对听力材料的理解，还能够促进他们交流能力的提高。

通过上述方法，高校英语教师可以有效地利用学生已有的知识来提升他们的英语听力技能，这种教学方法不仅能够帮助学生克服听力理解中的障碍，还能够激发他们的学习兴趣，提高他们的学习效率。

(二) 加强听力技能的实践

在听力教学领域，一个显著的障碍是材料的实际适用性不足，这导致了学生对听力练习的低兴趣。为了解决这一问题，教师应考虑实施实用性导向的听力教学法，这种方法要求教师在选择听力材料时，应优先考虑与学生的日常生活紧密相关的素材，以增强材料的现实性并提高学生的参与度。

1. 听通知

在日常出行中，车站、机场等交通枢纽的广播通知对于旅客的出行安排至关重要，这些通知通常包含上车、登机、班次调整、晚点等关键信息，对于确保旅客能够顺利、准时地到达目的地具有指导意义。对于学生而言，掌握如何在这些环境中准确获取和理解广播通知的内容，对于他们未来的独立出行和旅行具有实际帮助。鉴于此，英语教师在听力教学中可以有意识地引入此类实际场景的听力材料。通过播放模拟车站、机场等场所的广播通知，帮助学生熟悉这些场景中常见的语言表达和词汇。例如，教师可以选取一段机场广播晚点通知的录音，让学生在听的过程中识别并记录下关键信息，如航班号、预计延误时间、登机口变更等。此外，教师还可以设计一些模拟活动，让学生在模拟的车站或机场环境中实践听力技能。例如，教师可以组织一个模拟旅行活动，学生需要根据听到的广播通知来规划自己的行程，决定何时上车或登机，如何应对班次变动等。这类活动不仅能够提高学生的听力理解能力，还能够培养他们在实际情况中的应变能力和决策能力。

通过这样的教学方法，学生不仅能够在课堂上学到实用的英语听力技能，还能够在现实生活中得到应用和锻炼。这有助于学生养成良好的听力习惯，提高他们在实际出行中处理各种情况的能力，从而为他们未来的学习和生活带来便利。

2. 看电影

观看电影作为一种受欢迎的娱乐形式，不仅为学生提供了放松和享受的机会，也为学生带来了独特的语言学习平台。特别是那些经典的英语电影，它们不仅拥有引人入胜的情节和深刻的主题，还包含了丰富的语言资源和文化元素，这使其成为中国学生追捧的对象。

在英语听力教学中，教师可以巧妙地将电影融入课程设计中，以此激发学生的学习兴趣和提高他们的听力技能。通过选取一些经典的英文无字幕电影，为学生创造一个真实的语言环境，让其在享受电影的同时，锻炼他们的英语听力。在没有字幕的情况下，学生需要依靠自己的听力和已有的语言知识来理解电影中的对话和情节，这不仅能够提高他们的语言理解能力，还可以增强他们的语言推理和猜测技巧。例如，教师可以选择《阿甘正传》这样的经典电影，该电影不仅语言地道，而且包含了许多美国历史和文化的元素。在观看电影过程中,学生可以听到各种口音和语速的英语,这对提高他们的听力适应性和分辨力非常有帮助。同时,电影中的对话往往与特定的情境和背景紧密相关,学生可以通过上下文来理解对话的含义,即使他们不熟悉某些词汇和语言表达。

此外,教师还可以在电影结束后组织讨论和分析活动,让学生分享他们对电影的理解,讨论电影中的语言表达和文化现象。这样的活动不仅能够加深学生对电影内容的理解,还能够提高他们的批判性思维和交流能力。通过这种方式,学生能够在轻松愉快的氛围中提高英语听力水平,同时也增进了对英语国家文化的了解和认识。

3. 听新闻

新闻报道作为获取信息的重要渠道,涵盖了广泛的主题和领域,如国际政治、经济发展、科技进步、社会现象等。而且,由于新闻内容往往包含了大量的专业术语和行业词汇,这对于英语听力学习者而言,无疑增加了理解的难度。然而,正是这种挑战性,使"听新闻"成为提高英语听力水平的有效途径。

在听力教学中,高校英语教师应当重视新闻听力的训练。通过定期播放英语新闻材料,教师不仅能够帮助学生接触到真实、及时的语言表达,还能够引导学生逐步适应新闻英语的特点和规律。在这一过程中,教师可以引导学生关注新闻报道的整体结构和主要信息,而不是过分纠结于每一个细节。这种教学方法有助于培养学生抓取关键信息的能力,提高他们的听力理解能力。例如,教师可以选取一段关于国际会议的新闻报道,让学生在听的过程中关注会议的主题、参与国家、达成的协议等关键信息。学生可以通过记录这些关键词和短语,来构建对新闻内容的基本理解。同时,教师还可以教授一些策略,如预测、归纳和总结,帮助学生在听的过程中更好地组织和整合信息。此外,教师还可以组织课后的讨论和分析活动,让学生分享他们对新闻的理解,并鼓励他们就新闻事件发表自己的观点。这种互动不仅能够加深学生对新闻内容的理解,还能够锻炼他们的口语表达和批判性思维能力。

第三节 基于多元文化的英语听力教学革新

一、加强对文化背景知识的传授

在基于多元文化的英语听力教学中,加强文化背景知识的传授是提高学生跨文化交际能力的关键。通过深入了解不同文化背景下的语言表达和行为习惯,学生能够更准确地理解听力材料,并有效地进行交流。

第一，培养学生的文化意识，增强学生学习动力。"在课堂教学中，教师不但要传授英语语言知识，同时要帮助学生树立正确的思想观念，有意识地培养学生的文化意识。"[①] 文化意识是指对不同文化价值、习俗和传统的认识和理解。在英语听力教学中，培养学生的文化意识能够激发他们对多元文化的兴趣和尊重，从而增强他们的学习动力。教师可以通过介绍不同国家的节日、风俗、历史故事等，让学生感受到语言背后的文化魅力，进而提高他们的学习积极性。

第二，改变教师的教学观念，提高教师自身素质。教师的教学观念直接影响着教学内容和方法的选择。在多元文化背景下，教师需要转变传统的教学观念，重视文化教学的重要性。同时，教师自身也需要不断学习和提高，丰富自己的文化知识和教学技能，以便更好地指导学生。

第三，精心选择实践性的教材。教材是教学内容的重要载体。在选择英语听力教材时，教师应注重教材的实践性，选择那些包含丰富文化背景知识和真实语境对话的教材。这样的教材能够帮助学生在听力实践中学习文化知识，提高他们的语言运用能力。

第四，采用丰富多彩的教学方式。传统的听力教学方式往往较为单一，难以满足多元文化教学的需求。教师应采用多样化的教学方式，如小组讨论、角色扮演、模拟对话等，让学生在不同的活动中体验和学习不同文化。同时，教师还可以利用多媒体技术，如视频、音频、网络资源等，为学生提供生动、形象的文化学习材料。

二、加强对学生文化意识的培养

在基于多元文化的英语听力教学中，加强对学生文化意识的培养是提高学生跨文化交际能力的重要途径。通过培养学生的文化意识，学生能够更好地理解和尊重不同文化，从而在实际交流中避免产生误解和矛盾。

第一，开展跨文化交流活动。通过组织国际学生交流、文化节庆活动等，学生有机会直接接触和了解不同文化。在这样的活动中，学生不仅能够学习到其他文化的语言和习俗，还能够亲身体验和参与到文化实践中，从而增强他们的文化意识。

第二，鼓励学生进行自主学习。教师可以引导学生利用网络资源、图书馆资料等进行自主学习，研究自己感兴趣的文化主题。通过自主学习，学生能够更深入地了解文化背景，提高他们的文化分析和评价能力。

第三，建立多元文化的学习环境。学校和教师应努力营造一个多元文化的学习环境，让学生在日常生活中感受到文化的多样性。例如，可以在教室中展示不同国

---

① 杨雪飞. 多元文化视域下的大学英语教学研究 [M]. 北京：北京理工大学出版社，2019：98.

家的文化物品,播放不同文化的音频和视频,让学生在沉浸式的文化环境中学习和成长。

第四,培养学生的批判性思维。在多元文化的教学中,教师应鼓励学生培养批判性思维,学会从不同角度分析和评价文化现象。通过批判性思维的培养,学生能够更加开放和包容地看待不同文化,避免文化偏见和歧视。

第五章　英语口语教学及其与多元文化的融合创新

英语口语教学是语言教学中最为活跃和富有挑战性的领域之一。随着全球化的深入发展，多元文化的融合与创新已成为英语口语教学的重要趋势。通过整合不同文化背景的交流模式和表达方式，教学方法的创新不仅能够丰富教学内容，还能增强学生的学习动力和参与感，这种方法有助于学生建立全面的跨文化交际视角，提高口语表达能力和适应多元文化环境的能力。本章重点探讨英语口语教学的目标与基本特征、英语口语教学的现状与方法运用、多元文化视域下英语口语教学构建三个部分。

第一节　英语口语教学的目标与基本特征

一、英语口语教学的目标

英语口语教学目标分为三个等级，即基础目标、提高目标和发展目标。

第一，基础目标。基础目标主要针对非英语专业学生，按学习英语的基本需求设定，侧重于基础口语能力的培养。在这一阶段，学生需要掌握基本的日常交际用语，能就熟悉的话题进行简单的问答和交流。教师会注重发音、语调、基本词汇和句型的训练，帮助学生建立起初步的英语口语表达基础。

第二，提高目标。提高目标是针对英语基础较好，对英语需求较高的学生而设定。要求学生在掌握基础口语能力的基础上，进一步提高口语表达的准确性和流畅性。学生需要能够就广泛的话题进行口头交流，表达自己的观点和想法。在这一阶段，教师会加强对学生听力理解能力和口语表达能力的训练，通过模拟真实场景的对话练习，帮助学生提高口语应用能力。

第三，发展目标。发展目标则是根据学校人才培养计划中的具有特殊需求以及部分学有余力学生的多元需求而设定。更加注重学生的语言综合运用能力和跨文化交际能力。学生需要能够就复杂的主题进行深入讨论，能在国际会议与专业交流中参加讨论，能参与商务谈判、产品宣传等活动。能够运用丰富的词汇和复杂的句型进行口语表达和交流。同时，教师还会培养学生的跨文化意识和国际视野，使他们能够在不同的文化背景下进行有效的口头交流。

二、英语口语教学的特征

"口语教学是英语教学的重要输出环节，能够有效检验英语语言的教学成果"[①]，当前高校英语口语教学通常具有以下特点。

(一) 英语口语教学内容的特征

高校英语口语教学内容具有多样性和实用性的特点。首先，教学内容不仅包括基础的日常交流用语，还涵盖了学术报告、商务谈判、文化讨论等专业性较强的话题，以满足未来学生在不同场合下的交流需求。其次，高校英语口语教学注重培养学生的跨文化交际能力，通过介绍不同国家的文化背景和社会习俗，帮助学生理解和尊重文化差异，提高他们的国际交流能力。最后，教学内容还强调实际语言技能的培养，如发音、语调、听力理解等，通过模拟真实交际场景，让学生在实践中提高口语水平。

(二) 英语口语教学模式的特征

高校英语口语教学模式的互动性和灵活性是其显著特点，这些特点不仅能促进学生英语口语能力的提高，还有助于培养他们的综合素质。

互动性是高校英语口语教学模式的核心。在这种模式下，教师不再是单向的知识传递者，而是学生学习知识的引导者和促进者。通过组织各种互动活动（如小组合作项目、情景模拟、对话练习等），教师鼓励学生主动参与到课堂中，使他们能够在实际的交流中练习和提高口语能力。这种教学模式强调学生之间的互动和反馈，使得学生能够在真实的语言环境中学习和使用英语，从而更好地理解和掌握语言的实际应用。

灵活性则体现在教学方法的多样化和教学资源的广泛利用上。教师可以根据学生的不同水平、兴趣和学习风格，灵活地选择和调整教学策略。例如，对于初学者，教师可能会采用更多的图片、视频等直观教学材料；而对于高级水平的学生，则可能更多地使用讨论、辩论等高级语言活动。此外，教师还可以利用网络资源，如在线课程、英语论坛、社交媒体等，为学生提供更广阔的学习平台和更丰富的学习材料。这种灵活性还表现在对教学环境的创新上。教师可以通过模拟真实的交际场景，如商务会议、旅行规划、文化交流等，让学生在模拟情境中练习口语。这样的教学环境不仅能够激发学生的学习兴趣，还能够提高他们的语言应变能力和解决问题的

---

① 李冰. 论高校英语口语教学质量的提升 [J]. 黑龙江高教研究，2016(9)：161.

能力。

总而言之，高校英语口语教学模式的互动性和灵活性为学生提供了一个充满挑战和机遇的学习环境。在这样的环境中，学生不仅能够提高英语口语能力，还能够培养和发展团队合作、批判性思维和自主学习等重要技能。通过这种教学模式的持续实践和发展，高校英语口语教学将能够更好地满足学生的个性化需求，培养他们成为适应未来社会需求的国际化人才。

(三) 英语口语教学评估的特征

英语口语教学评估在高校教育中扮演着至关重要的角色，它旨在准确反映学生的语言实际应用能力，这种评估的特点体现在以下几个方面。

第一，过程性特点。与传统的以结果为导向的评估不同，过程性评估更注重学生的学习历程。这意味着教师需要对学生在学习过程中的每一步进行观察、记录和反馈，如课堂参与度、小组互动、作业完成情况等。通过持续跟踪，教师能够更好地把握学生的实时学习状态，及时调整教学方法和内容，帮助学生克服学习中的困难。

第二，全面性特点。口语不仅是发音准确、语法正确的简单叠加，还涉及语用、交际策略、文化理解等多个层面。因此，全面性评估要求教师从多角度考查学生的口语能力，这包括评估学生的语音语调、词汇运用、句型结构等，同时也关注他们在真实或模拟的交流情境中使用语言的能力，以及他们如何运用非语言手段（如肢体语言、面部表情）来辅助交流。

第三，评估方式多样化的特点。为了全面评价学生的口语能力，采用单一的考试形式往往是不全面的。因此，现代的口语教学评估方法趋向于多样化，包括但不限于传统的面对面口试、模拟情景对话、口头报告、小组讨论、角色扮演、同伴评价等。这些不同的评估方式能够从不同角度揭示学生的口语交际能力，使评估结果更为全面和客观。

第四，互动性和合作性特点。在口语教学中，学生之间的互动和合作被视为重要的学习过程。通过小组讨论、同伴互助等活动，学生不仅能够锻炼自己的口语表达能力，还能够在交流中学习到他人的表达技巧，提高解决问题的能力。教师在这个过程中既是指导者也是参与者，通过观察学生的表现，教师需要提供即时反馈和建议，以帮助学生加以改进。

综上所述，高校英语口语教学评估的特点强调了过程性、全面性、多样性和互动性，旨在通过多元化的评估方法，全面反映和促进学生的口语交际能力的发展。

(四)英语口语教学管理的特征

高校英语口语教学管理的有效性直接关系到教学质量和学生口语能力的提高。在这一过程中，个性化和激励性是教学管理的两个核心特点，它们共同促进了学生的个性化发展和积极学习态度的形成。

第一，个性化管理。个性化管理强调教师对学生个体差异的重视，这要求教师对每个学生的学习背景、兴趣、学习风格和需求有深入的了解。在此基础上，教师可以设计符合学生个性化需求的教学内容和活动，如为不同水平的学生提供不同难度的口语练习，为对特定话题感兴趣的学生提供相关的讨论材料等。通过这种方式，每个学生都能在适合自己的节奏和方式中提高口语能力，从而实现个性化学习。

第二，激励性管理。激励性管理着重于激发学生的学习积极性和内在动力。教师通过设定明确且可达成的学习目标，帮助学生明确学习方向和期望成果。同时，教师提供的积极反馈不仅肯定了学生的努力和进步，还提升了他们继续学习的信心和动力。此外，创造成功体验，如举办口语比赛、模拟面试等活动，让学生在实践中体验成功，进一步激发他们的学习热情。

需要注意的是，高校英语口语教学管理还注重师生关系的建立和学习氛围的营造。良好的师生关系能够建立起学生对教师的信任感，课堂活动参与度和学习意愿随之提高。同时，积极向上的学习氛围能够鼓励学生大胆开口说英语，不怕犯错，从而在实际应用中提高英语口语能力。此外，提供丰富的课外活动，如英语角、戏剧社、国际文化交流活动等，不仅能够让学生在轻松愉快的环境中练习口语，还能够拓宽他们的国际视野，从而增进对不同文化的理解和尊重。

第二节 英语口语教学的现状与方法运用

一、英语口语教学的现状

(一)学生的口语学习现状

第一，语音不标准，词汇匮乏。受汉语语言环境的影响，语音基础较差的学生有的发音不准，影响了语义的表达；有的不能正确使用语调、重音等，直接影响了英语口语语音、语调的标准性。

第二，缺少练习。从学生角度来看，他们已习惯了长期养成的上课记笔记、下课做书面练习的学习模式，口语学习始终处于被动接受状态。他们会将更多的精力

英语教学及其与多元文化的融合创新

投入在没有语境的情况下做大量的纸面练习,这样无法形成主动参与课堂活动的意识,甚至害怕提问、害怕开口,学生的口头表达能力自然难以提高。

第三,心理压力大,缺乏自信。在当前的高校英语口语学习环境中,学生普遍面临心理压力大和缺乏自信的问题。由于英语口语能力的培养需要大量的实践和交流,一些学生因为害怕犯错或担心发音不准确而不敢开口,这种心理障碍严重影响了他们的学习效果和进步速度。此外,部分学生可能因为之前负面的学习经历或评价,导致自信心受损,进而对口语学习产生畏惧和回避心理。为了克服这些挑战,教师和学校需要共同努力,通过营造积极的学习氛围、提供充分的鼓励和支持,帮助学生逐步建立自信,减轻心理压力,从而更加自信地参与到英语口语学习中。

(二)教师的口语教学现状

第一,教学方法存在滞后。当前,一些高校的英语口语教学中,教师的教学方法存在滞后的现象。传统的教学模式过于侧重语法和词汇的讲授,而忽视了口语交际能力的培养,这种以教师为中心的教学方式往往导致学生缺乏足够的实践机会,难以在真实的语言环境中运用所学知识。此外,教学内容可能与学生的实际需求和兴趣脱节,缺乏足够的互动性和参与性,使学生难以保持学习的积极性与兴趣。为了适应现代教育的需求,教师需要更新教学理念,采用更加具有互动性和实践导向的教学方法,以提高学生的口语交际能力。

第二,汉语授课。提高英语口语表达能力的一个重要方法就是多听、多说。然而,很多英语教师考虑到学生的英语水平参差不齐,为了使所有学生都能跟得上教学进度,放弃了英语授课,这减少了学生用英语进行交流的机会。

第三,教师的指导方法欠佳。在英语口语教学中,部分教师在对学生的口语表达进行指导时缺乏科学合理的方法。具体表现在四个方面:①在口语教学中使用逐字逐句纠错的方式,这容易使学生产生依赖心理,影响学习积极性;②没有对口语话题提供足够的语言支持,如为学生提供一些必要的词汇、重要句型等;③没有对口语话题进行适当或必要的解释,没有从观念、情感、文化、价值观等方面对话题进行拓展,学生对话题理解不透彻,自然很难进行有意义的互动;④没能从学生的角度出发指导口语使用策略,例如,如何根据说话者的意图、语言表达与语境等对口语内容与方式进行组织。

二、英语口语教学的方法运用

英语课的主要目的是通过大量的语言实践和有意义的语言运用,帮助学生提高语言技能和实际运用英语的能力。英语课应倡导学生主动参与课堂教学活动,以口语训练为主、勤于动口，积极与他人合作、交流，激发学生对英语的学习兴趣。

(一) 纠正学生英语口语发音

准确的发音是英语口语交际的基础。在高校英语口语教学中，教师需要重视学生的发音训练，帮助他们纠正发音错误，提高语音的准确性和自然性。这可以通过多种方式实现，例如，教师可以利用音标教学，帮助学生掌握英语音素的发音规则；通过模仿练习，鼓励学生跟读录音或视频，提高他们的语音模仿能力；通过对比分析，指出学生发音中的问题，并提供有针对性的纠正建议。此外，教师还可以利用语音分析软件等技术工具，为学生提供即时反馈，帮助他们更清晰地认识到自己的发音问题，并有效改进。

(二) 培养学生自主学习意识

自主学习意识是学生终身学习和发展的重要素质。在英语口语教学中，教师应鼓励学生主动参与学习过程，培养他们的自我驱动力和自我管理能力。这可以通过设置开放性的学习任务，如自主选择话题进行演讲或报告，鼓励学生在课外寻找学习资源，如英语电影、音乐、播客等，进行自我学习和实践。同时，教师还可以引导学生制订个人学习计划，定期进行自我评估和反思，以便及时调整学习策略，提高学习效率。通过这些方法，学生能够逐渐形成自主学习的习惯，提高英语口语的学习成效。

(三) 培养学生英语口语思维

英语口语思维是指用英语进行思考和表达的能力，它是提高英语口语流利度和准确度的关键。在教学过程中，教师应注重培养学生的思维灵活性和语言创造力。这些都可以通过开展各种思维训练活动来实现，如头脑风暴、即兴演讲、角色扮演等，使学生能够在不同的情境中养成用英语去思考和表达的习惯。教师还可以引导学生进行英语写作练习，如日记、故事创作等，以此促进他们用英语进行内部语言活动。通过这些训练，学生能够逐渐克服母语思维的干扰，提高英语口语的自然度和流畅性。

(四) 强化英语口语交际策略

有效的交际策略对于提高英语口语交际能力至关重要。教师应教授学生一系列交际技巧，比如，如何开始和结束对话、如何进行提问和回答、如何进行转述和总结等。这些策略可以通过模拟交际场景进行训练，如在角色扮演中练习商务谈判、在小组讨论中练习辩论技巧等。此外，教师还可以引导学生学习非语言交际的策略，如肢体语言、面部表情、语调变化等，以提高他们的非语言交际能力。通过这些策略进行训练，学生能够在实际交际中更加自如和得体地使用英语，能够提高他们的交际效果。

第三节 多元文化视域下英语口语教学构建

在当今全球化的时代背景下，多元文化已经成为教育领域不可忽视的一个重要方面。特别是在英语口语教学中，多元文化视域的融入对提高教学质量和学习效果具有重要意义。下面探讨在多元文化视域下，如何构建有效的英语口语教学体系，以培养学生的跨文化交际能力和全球视野。

一、培养宽容的语言态度

在探讨多元文化视域下的英语口语教学构建时，首先要考虑的是培养学生宽容的语言态度。多元文化环境中，学生常常会遇到来自不同英语国家文化背景的人，他们使用英语的方式可能各不相同。因此，教师在教学过程中扮演着重要的角色，需要引导学生理解和尊重这种语言多样性。

第一，通过了解不同文化之间的语言差异，学生能够更好地适应多元文化环境。例如，美国英语和英国英语在词汇、拼写甚至发音上都存在差异。一个学生可能觉得"elevator"（美国英语中的电梯）和"lift"（英国英语中的电梯）是同一样东西，但实际上它们在不同的文化背景下指代的是不同的物体。因此，学生需要理解并接受这种差异，以便更有效地与不同文化背景的人进行交流。

第二，培养宽容的语言态度有助于促进跨文化沟通和理解。当学生能够接纳和尊重他人的语言表达方式时，他们会更愿意与不同文化背景的人交流，并且更容易理解对方的观点和立场。例如，在一个国际团队中工作的学生可能会遇到来自不同国家的同事，如果他们能够包容对方的语言习惯，就能够更顺畅地进行合作和沟通，提高工作效率。

第三，通过课堂讨论、角色扮演等互动活动，学生可以在实践中学会如何用更开放和包容的心态进行交流和表达。举例来说，教师可以设计一些讨论题目，引导学生就某一话题进行辩论，同时鼓励他们尊重彼此的观点并用恰当的语言进行表达。这样的活动不仅有助于提高学生的口语表达能力，还能培养他们的跨文化交流能力和团队合作精神。

二、增加自然语言的输入

在多元文化视域下,英语口语教学的一项关键任务是增加自然语言的输入,这意味着教学内容应当尽可能地贴近真实的语言使用环境,以便学生能够接触到各种不同的口音、语速和表达方式。通过引入来自不同国家和地区的英语材料,如电影、电视剧、新闻报道、播客等,教师可以为学生提供丰富多样的语言输入,从而帮助他们更好地提高英语口语能力。例如,教师可以组织学生观看来自英美等英语国家的电影或电视剧,并引导他们关注其中的语言细节,如口音、俚语、语速等。通过这样的活动,不仅可以提高学生对不同口音的辨别能力,还能了解不同文化背景下的语言习惯和表达方式,从而更加全面地掌握英语口语。

通过增加自然语言的输入,学生不仅可以提高对英语口语的理解和掌握,还能培养跨文化交流的能力。因此,在多元文化视域下,教师应当积极引入真实的语言材料,并鼓励学生参与到真实的语言使用场景中,以提高他们的口语表达能力和跨文化交流能力。

三、提升学生课堂参与度

在多元文化视域下,提升学生课堂参与度是英语口语教学中至关重要的一环。教师在教学过程中应当精心设计各种互动和合作的学习活动,以激发学生的兴趣和积极性,从而使他们能够更有效地参与到课堂中。

第一,教师可以通过小组讨论、辩论和情景模拟等活动来提升学生的参与度。通过这些活动,学生被赋予了更多的话语权和表达机会,他们可以与同伴进行交流和讨论,分享自己的观点和想法。例如,教师可以设计一个讨论话题,让学生以小组的形式展开讨论,并就不同观点进行辩论。通过这样的活动,学生不仅能够提高自己的口语表达能力,还能够学习如何在多元文化的环境中进行有效沟通,尊重他人的观点并表达自己的看法。

第二,教师还可以利用现代信息技术,如在线论坛、社交媒体等平台,为学生创造更多的语言实践机会。在这些虚拟的多元文化环境中,学生可以与来自世界各地的人交流,分享自己的经验和见解。例如,教师可以创建一个在线论坛,让学生在这个平台上发表自己的观点或回复他人的帖子,从而提高他们的书面表达能力和跨文化交流能力。

通过以上措施,教师可以有效地提升学生的课堂参与度,促进他们更积极地投入英语口语教学和学习中,这不仅有助于提高学生自己的口语表达能力和跨文化交流能力,还能够培养学生的团队合作精神和自主学习能力。因此,在多元文化视域下，教师应当充分发挥学生的主体性和积极性，创造丰富多彩的教学环境，让学生能够在其中尽情展现自己的才华、挖掘自己的潜力。

四、提高师生的文化意识

在多元文化视域下，提高师生的文化意识是英语口语教学中不可或缺的一环。教师在教学中不仅要注重语言知识的传授，还应当加强对不同文化的介绍和讨论，以促进学生的跨文化交际能力的提高。

第一，通过比较不同文化之间的差异和共性，可以帮助学生更好地理解语言和文化之间的联系。例如，英语中的一些习语和俚语往往具有深厚的文化内涵，而这些内涵可能会因为文化的差异而产生不同的解读。比如，美国人常常使用"break a leg"来祝演员好运，而在中国，这样的说法可能会被误解为是不吉利的表达。因此，通过介绍和讨论这样的文化差异，可以帮助学生更准确地理解和运用英语口语，避免因文化差异而引发的误解和冲突。

第二，教师自身也需要不断学习和更新自己的文化知识，以便更好地指导学生，帮助他们建立起正确的文化观念和价值观。教师可以通过阅读相关文献、参加跨文化培训等方式来不断拓宽自己的视野，增进对不同文化的理解和认识。只有教师具备了丰富的文化知识和敏感度，才能更好地引导学生，让他们在语言学习的过程中更深入地体会和理解不同文化的内涵和魅力。

第六章　英语阅读教学及其与多元文化的融合创新

英语阅读教学不仅能够培养学生的语言理解能力，还可以拓宽他们的全球视野。在多元文化日益交融的今天，通过创新教学策略，教师可以引导学生探索不同文化背景下的文本，增进对多样性的理解与尊重。本章重点探讨英语阅读教学的特征与内容分析、英语阅读教学的目标与方法运用、多元文化下的英语阅读教学延展三个部分。

第一节　英语阅读教学的特征与内容分析

一、英语阅读教学的特征

"英语阅读教学在高校人才培养中扮演着重要角色。依托高校英语阅读教学，大学生的国际视野得以拓展，英语听、说、读、写方面的能力得到有效提升。"[1]高校英语阅读教学具有以下特征。

第一，学术性与深度。高校英语阅读教学的一个显著特征是其学术性和深度。与基础教育阶段相比，高校阅读教学更加注重对文本的深入分析和批判性理解。教学内容不仅限于语言技能的提升，还包括对文本背后的文化、历史、哲学和社会学等领域的探讨。通过阅读学术文章、论文和专业书籍，学生能够学习到如何识别论点、评估论据、比较不同观点，并形成自己的独立见解，这种学术性的培养将有助于学生为未来的研究和学术生涯打下坚实的基础。

第二，多元文化视角的融入。高校英语阅读教学强调从多元文化视角出发，理解和分析文本。这一特征体现了全球化背景下对跨文化交流能力的需求。在教学过程中，教师会引入来自不同文化背景的文本，鼓励学生探索和比较不同文化中的价值观、信仰和社会习俗。通过这种多元文化的融入，学生不仅能够拓宽视野，增强对不同文化的理解和尊重，还能够培养他们在全球化社会中进行有效沟通和交流的能力。

---

[1] 李燕. 新媒体赋能高校英语阅读教学体系建构研究[J]. 新闻研究导刊，2023，14(11)：118.

第三，自主学习与研究能力的培养。高校英语阅读教学鼓励学生发展自主学习和独立研究的能力，这一特征强调学生在学习过程中的主动性和自我驱动力。教师通过设计研究项目、案例分析和文献综述等活动，引导学生自主探索感兴趣的话题，独立搜集和分析信息。这种自主学习的过程不仅有助于提高学生的阅读和分析能力，还能够拓展他们的创新性思维。

第四，信息素养与批判性思维的结合。在信息时代，高校英语阅读教学特别强调信息素养的培养，包括信息检索、评估、管理和应用的能力。这一特征要求学生不仅能够高效地获取信息，还能够批判性地去分析信息的真实性和可靠性。在教学过程中，教师会教授学生如何辨别网络信息的真伪，如何评估不同来源的信息质量，以及如何将信息整合到自己的知识体系中。结合批判性思维的培养，学生能够更加理性地分析问题，形成有根据的判断和决策。

二、英语阅读教学的内容

无论哪种教学，教学内容都必须以教学目的为出发点。英语阅读教学的目的在于培养学生的阅读能力，使学生能够通过阅读英语材料获取所需信息。基于这一目的，高校英语阅读教学应包括以下几方面的内容。

第一，辨认语言符号。辨认语言符号是英语学习的基础，也是阅读教学的起点。学生需要通过识别单词、短语和句子的结构来理解文章的表层意义。此外，猜测陌生词语的意思和用法是提高学生词汇量和理解力的重要手段。通过联系上下文的线索和语境，学生可以推断出生词的可能意义，这不仅能够增加他们的词汇量，还能提高其语言感知能力。

第二，理解概念及文章的隐含意义。理解概念及文章的隐含意义是阅读教学中更为深层次的要求。其要求学生不仅要理解文章的字面意思，还能够把握作者的深层意图和文章的隐含信息。这种理解力的培养有助于学生更好地把握文章的主旨和论点，从而更全面地理解英语材料。

第三，理解句子的交际意义及句子之间的关系。它是提高学生阅读理解能力的关键。通过分析文章中的衔接词和句子结构，学生可以更好地理解文章的逻辑框架和论证过程。这种分析能力的训练有助于学生在阅读过程中形成清晰的思路，从而可以更好地把握文章的结构和内容。

第四，辨认语篇指示词语，确定文章语篇的主要观点或信息是培养学生批判性思维的重要途径。通过识别文章中的关键词和主题句，学生可以更快地掌握文章的核心内容，提高他们的阅读效率和理解深度。

第五，从重要细节中理解主题是提高学生分析和归纳能力的有效方法。学生需要学会从文章中提取关键信息,并将这些关键信息与文章的主题联系起来,从而形成对文章整体内容的深入理解。

第六,总结文章的主要信息。它是检验学生阅读理解能力的重要手段。通过总结,学生可以加深对文章内容的记忆和理解,同时也能够提高他们的表达能力和逻辑思维能力。

第七,培养基本的推理技巧。它对提高学生的阅读能力至关重要。学生需要学会根据文章提供的信息进行逻辑推理,从而得出文章中未明确表述的结论或观点。这种推理能力的培养有助于学生在阅读过程中更加主动和深入地思考。

第八,培养跳读技巧和浏览技巧。培养跳读技巧和浏览技巧是提高学生阅读效率的关键。跳读技巧可以帮助学生快速获取文章的大意,而浏览技巧则可以让学生有效地筛选信息,找到他们需要的关键内容,这两种技巧的培养对学生在信息爆炸的时代中快速获取和处理信息具有重要作用。

第九,将信息图表化。它是一种有效的信息组织方式和呈现方式。通过将文章的关键信息以图表的形式展现出来,学生可以更直观地理解和记忆文章的内容。这种视觉化的信息呈现方式不仅有助于学生更好地把握文章的结构和要点,还能够提高他们的信息处理能力。

综上所述,高校英语阅读教学的内容应当全面覆盖从基础的语言符号识别到高级的推理技巧和信息处理能力的培养。通过这样的教学内容设计,学生可以逐步提高其英语阅读能力,更好地适应未来的学习和工作需求。

第二节 英语阅读教学的目标与方法运用

一、英语阅读教学的目标

第一,基础目标。基础目标主要是针对非英语专业学生英语学习的基本需求而设定的,聚焦于学生的语言基础知识和基本技能。这包括词汇量的扩大,让学生熟悉并掌握阅读所需的常用词汇和短语。同时,还需要学生能够理解并运用基本的语法结构和句型,为理解更复杂的文本打下基础。此外,基础目标还包括培养学生基本的阅读技巧,如扫读、略读等,使他们能够初步理解和分析文本内容。

第二,提高目标。提高目标是针对英语基础较好、对英语需求较高的学生而设定的,旨在进一步提高学生的阅读能力和阅读策略。学生需要能够准确理解文章的主旨、细节和作者的观点,这需要对文本进行深入的分析和理解。同时,学生还需要提高推理和推断能力,能够从文章中获取隐含信息并进行逻辑推理。此外,提高

英语教学及其与多元文化的融合创新

目标还包括引导学生学习和运用更高级的阅读策略,如预测、分析、评价等,以更全面地理解和分析文本。

第三,发展目标。发展目标则是根据学校人才培养计划中的具有特殊需求及部分学有余力学生的多元需求而设定的,它更加注重学生的综合语言能力和跨文化交际能力。学生需要能够阅读和理解各种类型和难度的英语文章,如说明文、议论文、叙述文等;能够比较顺畅地阅读各种公开发表在英语报刊上的文章,以及与所学专业相关的英语资料及文献;等等。这需要学生具备较高的词汇量和语法水平。同时,发展目标还包括培养学生的批判性思维,能够分析和评价文本内容,形成自己的观点和见解。此外,通过阅读不同文化背景的英语文章,学生能够增强跨文化意识,提高跨文化交际能力。

二、英语阅读教学的方法运用

(一)微课在英语阅读教学中的运用

1.微课教学的认知

随着信息化时代的到来,网络通信技术的发展日新月异,各种微平台也在不断发展。以短小精悍的教学视频为呈现形式的微课,正在影响着我国教学改革的发展趋势,成为日渐成熟的新型教学资源。微课是信息技术迅速发展的产物,微课的发展在很大程度上促进了信息技术的发展。微课是一种教学载体,通过短视频的形式来阐述某一问题或观点,旨在帮助教师和学生学习知识、巩固知识。

(1)微课教学的特征。

第一,主题明确。传统教学模式存在许多问题,如教学重点和难点不明确,导致学生难以把握重点和难点;教学目标缺乏明确性,使学生无法准确了解教学方向;知识点涉及面广、内容复杂,影响学生的学习效率。微课的出现可以有效解决这些问题。

在微课制作过程中,教师主要将教学中的难点和重点知识融入微课的制作中。由此可见,微课教学在主题上以明确性为主,在内容上以简洁性为主,这种优势是传统教学无法比拟的。总而言之,主题明确是微课的主要特点之一。在微课制作过程中,教师必须明确主题,才能有针对性地选取重点和难点知识,确保主题内容的典型性和代表性。同时,具有明确主题的微课教学有助于激发学生的学习兴趣,引导他们集中注意力,并迅速理解主题内容。

第二,弹性便捷。传统课堂教学的时间是固定的,不具有灵活性和弹性。而微课教学却不同,它通常制作的视频时间比较短,即使一些长视频,其制作时间也不会超过10分钟，这种视频时间长度的安排更能够集中学生的注意力，与学生的认知特点也十分契合。在制作微课时，教师涉及的微课资源容量较小，很多资源容量都在百兆以内，这种小容量的资源在存储过程中更加便捷。也正因如此，微课教学和微课学习成为可能。总而言之，学生在学习微课视频的过程中，不仅不会花费太多时间，而且会更加集中精力进行学习，真正提高了学生学习的效率。同时，学生可随时随地进行学习，弹性地安排自己的学习时间，为学生的学习提供了很大方便。

第三，多元真实。多元真实的特征主要可以从多元性和真实性两个方面进行分析。①微课的多元性，主要强调的是微课资源的丰富性和多样性。比较常见的微课资源有微课视频、微课件、微练习等，这些能够为学生学习提供丰富的资源。由此可见，资源的多样性是传统教学模式无法比拟的，微课多样化的教学资源也能给教师的教学提供极大的方便。②微课的真实性，主要强调的是教学情境的真实性。微课教学注重真实情境的创设。教师在制作微课的过程中，会将教学内容融入真实的情境中，从而形成微视频。另外，教师在创设真实情境时应该多贴近学生的现实生活，这样能够促进教学目标的实现。

第四，实践生动。由于微课开发的主体是广大一线教师，加之微课开发本质上是基于学校的教学资源、教师的教学经验以及学生的学习需求，因此越来越多的学校正通过微课这一新型学习方式进行探索研究，挖掘本校的微课建设潜力，这本身就具有很强的实践性。在实践过程中，教师需要注意微课的表达方式。生动活泼的特点不仅体现在微课的画面设计、音乐选择、内容架构等方面，还体现在互动方式和设计步骤上。总而言之，实践性和生动性是微课的主要特征之一，也是微课在教学中广泛应用的主要原因。

第五，共享交流。微课的共享性主要强调微课资源的共享。微课是信息技术与教学内容的有机结合，具有资源丰富、方便快捷、互动性强等特点。微课不受时间和空间的限制，学生可以充分利用自己碎片化的时间进行学习，微课实现了资源的共享。

此外，学生可以在微课平台上进行互动和交流。教师也可以充分利用微课平台的优势，将一些短视频、微课件、微练习等上传到网络平台上，学生可以在平台上与教师、同学一起学习、互动和交流。教师可以从其他教师的微视频中汲取他人的教学经验，弥补自己教学的不足。教师也可以在平台上与其他专家型教学进行交流和互动，在教学反思和教学互动中不断提高自己的教学能力，最终促进自身专业发展。由此可见，微课的共享交流不仅有利于学生与教师、教师与教师、学生与学生之间的交流互动，还有利于形成平等、和谐的师生关系。

(2) 微课教学的作用。

第一，打破传统课堂约束。

一是从学生角度来讲。①提高了学生学习的效率。无论采用哪种教学形式，教师在一节课中讲授的核心内容通常包括这节课的重点、难点以及关键知识点。这些精华部分往往构成了课堂的高潮，是学生应当专注学习的部分。一般而言，学生对某一知识点的注意力集中时间为 30～40 分钟，因此，学生需要在这有限的时间内迅速捕捉到课堂的精彩部分，并集中精力倾听和学习。②有利于学生的自主学习和有选择性地学习。随着信息技术和网络技术的发展，教学的灵活性、自由性、不固定性更加凸显。学生也不需要像传统课堂教学那样，在固定的教室进行学习。学生可以根据自己的学习情况以及需要，有针对性地在网络平台上学习。与此同时，有一些知识也不需要系统学习，针对某一个小的知识点或问题，学生可以从网上或目录中快速捕捉到解决方法。由此可见，这种学习方式具有很强的针对性。学生可以针对某一问题在网络平台上自主查找、自主学习、自主选择，改变了传统教学中学生被动接受知识的局面。

二是从教师角度来讲。微课是对传统教学模式的改革和创新，这种新型的教学方式，不受时间和空间的限制，可以随时随地进行学习，有利于学生的自主学习，确立了学生的主体地位。在微课背景下，教师可以充分利用丰富的微课资源进行教学设计，并在微课平台上与其他有经验的同行进行交流学习。尽管微课改变了以教师为中心的教学模式，但这并不意味着教师就不重要了；反之，教师在教学中仍发挥着重要的指导作用。教师还应该对学生在微课平台上的学习情况进行监督，必要时，教师也应该参与进去，与学生共同学习、交流和互动。此外，教师还应该及时发现学生的问题，并及时纠正和指导。总而言之，微课教学对于教师而言，是一种挑战。教师应该不断学习、不断充实自己，只有这样才能更好地迎接微课带来的挑战。

第二，促进教师专业成长。微课作为信息化教学的重要组成部分，在学生学习、教师发展、教学改革、实践创新等方面起着不可替代的作用，这里主要结合教师的专业发展来讨论微课的价值。

一是有利于提高教师的教学素质和专业素养。微课在具体应用时主要体现为两种不同的形式。①微课采取了具体而微的形式。微课的教学设计和过程，涵盖了整个教学流程，包括教学中的重点、难点和关键点，并融入了完整的教学环节。在微课中，包括新课引入、知识点解析、内容讲解、教学评估、教学反思及习题设计等环节，这些完备的教学环节有助于学生全面掌握知识。②微小的片段。一个完整的教学过程是由很多教学环节组成的，为了突出某一个环节，设计者可以将某一环节

第六章　英语阅读教学及其与多元文化的融合创新

录制成一个教学片段,这个教学片段包含的内容也很多。例如,教师如何处理教学难点、如何突出教学重点、如何凸显教学技巧等。在片段的录制过程中,要遵循真实性的原则。

总而言之,在微课制作过程中,教师需要将教学的重点知识、难点知识、关键知识等融入微视频中,而且微视频通常不超过10分钟。同时,教师还要在微视频中突出教学目标。这对于教师的教学素质和专业素养有着很高的要求。因此,微课在很大程度上促进了教师教学素质和专业素养的提升。

二是有利于提高教师的信息处理能力和水平。在微课设计与制作过程中,首先,加工改造式的对象是传统课堂,呈现方式是多媒体。换言之,就是对学校中已经存在的教学视频、教学课件等进行加工、整理、编辑等,然后融入一些其他的资源,进行提炼、压缩等处理,使之形成短视频。这就是微课的加工改造式过程。其次,原创开发式强调的是微课制作和设计的原创性,这种方式不仅有利于微课的原始制作,还有利于微课资源的开发。利用原创开发式制作微课视频,需要多种技术手段的支持。因此,教师应该在具体制作过程中,根据实际需要科学选择技术手段,从而保证微课的质量和效果。

微课是一种教学载体,它包含了教学过程、教学目标、教学环节和教学内容等多个方面。因此,在制作微课时,教师不仅要考虑视频的制作,还需考虑网络技术、学生的需求等因素。只有综合考虑这些因素,才能制作出优秀的微课,并为学生提供高品质的学习资源。在微课的制作过程中,不仅需要运用合适的技术手段,还需要确保内容的新颖性。唯有那些具备较强信息处理能力的教师,才能满足微课在技术和内容上的要求。显然,微课的制作在很大程度上能够推动教师提高其信息处理能力。

2.微课在英语阅读教学中运用的意义

(1)提高英语阅读教学效率。高校英语阅读课程的教学模式正经历着一场由信息技术推动的变革。微课,作为一种新兴的教学资源和方法,其在高校英语阅读教学中的应用,不仅对提高教学质量和效率具有重要意义,而且对促进学生的全面发展和满足个性化学习需求起到了积极作用。

第一,微课的高度灵活性和可访问性为高校英语阅读教学提供了极大的便利。学生可以根据自己的学习节奏和时间表,通过各种数字设备(如电脑、智能手机等),随时随地访问微课程,这种自主学习的模式,使学生能够更加高效地利用碎片化时间进行学习,从而提高整体的学习效率。

第二,微课所采用的多媒体教学手段(如视频、音频、图像和动画等),使得教学内容更加生动和直观,这种富有吸引力的教学方式能够激发学生的学习兴趣,增强他们的参与感和互动性,进而促进知识的理解和记忆,提高学习成效。

第三，微课支持个性化学习的特点，使得教师能够根据学生的具体需求和学习特点，设计和提供定制化的教学内容和学习计划，这种具有针对性的教学方法不仅能够满足学生的个性化学习需求，还能够提高英语阅读教学的针对性和有效性，从而提高学生的学习成效。

第四，微课作为一种丰富的教学资源库，提供了多样化的教学材料和方法，这些资源不限于传统的文本材料，还包括各种互动性和实践性强的学习工具，如模拟练习、在线测试等，这些多样化的学习资源和活动，不仅能够增加学生的学习兴趣和动力，还能够拓宽他们的知识视野，提高他们的批判性思维能力和解决问题的能力。

(2) 进化教学理念。

第一，微课促进了高校英语阅读教学资源的共享与交流。在这个框架下，教师得以将自己的微课设计与其他同人共享，构建起一个以教学资源为中心的学术社区，这种共享不仅能够促进教师之间的协作与专业成长，还能够使学生接触到多元教学观念和方法论，从而拓宽他们的学术视野，增强其学习深度与广度。

第二，微课在高校英语阅读教学中的应用，是教育信息化进程中的一个关键节点。随着信息技术在教育领域的深入渗透，教育信息化已经成为推动教学改革的重要力量。微课，作为教育与技术的有机结合体，不仅为学生提供了更加灵活多样的学习途径，也刷新了教学方式，加快了教育信息化进程，提高了教学活动的科技含量和整体效率。

(3) 展现学生英语自学能力。在高校英语阅读教学中，微课的运用对于增强学生的自学能力具有重要作用。由于微课的结构紧凑，学生需要迅速吸收和处理信息，这种要求激发了他们自主学习的积极性。这种学习方式能够鼓励学生主动思考、理解并应用所学知识，从而提高了他们的信息筛选和分析能力。微课所提供的个性化学习途径使学生能够根据自己的需求和兴趣来选择学习材料，这进一步调动了他们的学习积极性和兴趣。此外，学生还需自行安排学习时间和节奏，有效地利用资源，并独立解决学习过程中所遇到的问题，这些都是自学能力的关键组成部分。因此，在高校英语阅读课程中，微课的应用不仅提高了学习的效率和成果，而且有助于培养学生的自主学习能力。

3. 微课在英语阅读教学中运用的原则

(1) 微而全的原则。在微课教学中，微视频占据着核心地位，但这并不意味着学生通过观看微视频就能收获学习成果，其他微课教学素材也扮演着不可或缺的角色，如微教案、微练习、微反馈等，这种"微而全"的微课教学模式有利于学生掌握学科知识与技能。"课"的本意就是一个教学过程的单位，"课"的开展表现出时间限制性与组织性，一般而言，"课"所实现的教学目的仅是总体教学目标的一部分，但这个教学目的对于其本身来说又是完整的。微课作为"课"的形式之一，要体现"课"的基本特征，再彰显自身"微"的特色，即言简意赅、重点突出。

微课在高校英语阅读教学中得以广泛应用，主要是因为它通过动态视频形式呈现教材内容，并针对学生注意力集中的时间段，将复杂的教学内容压缩为精练的视频，有效提高英语阅读教学效率和成果。教师应设计全面的教学微视频及配套教学资源，如微练习和微反馈，以促进学生自主学习并及时反馈学习效果。微课设计需注重内容的全面性与精练性，与传统课程设计相似，均需明确教学目标、计划、重难点，并进行实践与反馈，确保教学系统的完整性，通过微视频形式高效传递教学精华。

（2）适用性的原则。在高校英语阅读教学中，微课的适用性原则至关重要。教师需精选教学内容，针对适合的主题设计微课，以确保教学成效。从认知负荷理论出发，教学视频应控制在 10~15 分钟，以便学生在最佳认知状态下吸收知识。对于复杂的英语阅读概念，如深层语法知识，需要通过传统教学模式的深入讲解和互动来掌握，而不适合微课的快速传递方式。因此，教师应根据学生的实际情况，选择适合微课模式的英语阅读教学内容，以提高教学效率和学生的学习成效。

（3）趣味性的原则。在高校英语阅读教学中，微课的趣味性原则是提高教学效果的关键因素。教师在设计微课时，应注重内容的吸引力和教学方式的创新，以激发学生对英语阅读学习的兴趣。通过精心制作的微视频，教师能够有效地吸引学生的注意力，并在其注意力高度集中的时段传授英语知识，从而提高学习效率。

微课的教学视频是学生获取知识的主要渠道，因此，教师需投入大量时间和精力，确保视频内容的质量，包括画面的清晰度、演示的丰富性及信息的准确性，这样的教学视频能够在有限的时间内吸引学生，维持其学习热情，促进知识的深入理解。为了有效地进行微课教学，教师需要提升自身的信息素养，熟练掌握并运用各种信息技术工具，以确保微课教学的顺利进行。通过这种方式，微课不仅为高校英语阅读教学带来了新的活力，还有助于学生在富有趣味性的学习环境中提升英语专业素养和技能。

（4）发展性的原则。微课模式在英语阅读教学中的应用要想走向成熟，就必须不断发展，除了英语教师的精心设计以及学生的密切配合，学校作为英语教学的主阵地，也要大力支持微课模式，尤其是硬件方面。因此，学校要加强对现代信息技术的引入，依托各种信息化设备为英语专业实践课教学创建多元化的多媒体教室，从而保证微课教学的顺利进行。同时，学校还应从根本上肯定微课模式。由于这种新型教学组织形式与传统教学方式存在较大区别，因此更需要鼓励英语教师勇于尝试，同时需要鼓励学生积极参与其中。

4. 微课在英语阅读教学中运用的要求

（1）学校层面的要求。高校英语阅读教学作为提高学生语言能力和文化素养的关键环节，正逐渐融入微课这一创新教学模式。随着信息技术在教育领域的广泛应用，微课以其独特的优势在高校英语阅读教学中展现出了巨大的发展潜力。

为了充分发挥微课在英语阅读教学中的作用，院校管理层需承担起相应的责任，确保提供适宜的教学环境和技术支持。首先，学校应投资配备先进多媒体设备的教室，为英语阅读教学中的微课实施提供物理空间；其次，学校需完善校园网络基础设施，确保学生能够在图书馆、自习室等学习场所顺畅地访问和观看教学微视频，从而不受时间和地点的限制，随时进行英语阅读学习。

鉴于教学微视频是微课模式的核心资源，学校应鼓励教师制作高质量的英语阅读教学视频，并将其上传至教学平台，供学生在线学习。同时，建立资源共享平台，使其他教授相似课程的教师能够利用这些教学视频，这不仅可以减轻教师的工作负担，还能促进教师间的相互学习和经验交流，提高整体的英语阅读教学质量。通过这些措施，学校能够有效地推动微课在英语阅读教学中的应用，不仅提高了教学资源的利用效率，还促进了教学方法的创新和教师专业发展，最终实现提高学生英语阅读能力和专业素养的教育目标。

（2）教师层面的要求。微课在英语阅读教学中的应用，对教师提出了一系列新的要求和挑战。

第一，教师需要具备将复杂的英语阅读材料转化为简洁、易懂的微课程内容的能力，这要求教师不仅要有深厚的英语专业知识，还要掌握将这些知识以适合微课形式传递的技巧。教师应当能够识别和提炼出英语阅读材料中的核心概念和关键信息，然后通过精心设计的教学活动和案例，使学生能够在有限的时间内有效吸收和理解这些内容。

第二，教师在制作微课时，应注重内容的趣味性和互动性，以吸引学生的注意力并提高他们的参与度。这可能涉及使用多媒体工具，如动画、图表和视频片段，来丰富教学内容的表现形式。同时，教师还应设计互动环节，如小测验、讨论题或实践活动，以促进学生的主动学习和批判性思维的发展。

第三，教师需要不断提高自身的信息技术能力，熟练掌握微课制作的相关软件和平台。这包括视频录制、编辑、发布和在线互动的技术，以及对教学平台的操作和管理。教师应能够高效地利用这些技术工具，确保微课的教学质量和教学效果。

第四，教师应具备良好的教学设计能力，能够根据学生的英语水平和学习需求，制定合理的微课教学计划和学习目标。这要求教师对学生的认知水平、学习风格和兴趣进行深入的了解，并能够根据这些因素来调整教学内容和方法。

第五，教师在微课教学中应持续进行自我反思和评估，以不断优化教学策略和提高教学质量。这包括收集学生的反馈、分析学习数据和调整教学内容。通过这种持续的自我提升和专业发展，教师能够更好地适应微课教学的要求，有效地提高学生的英语阅读能力。

(3)学生层面的要求。在高校英语阅读课堂中，微课的应用对学生提出了一系列的新要求。

第一，由于微课通常具有高度的信息密集性和时间紧凑性，学生需要具备快速识别和处理关键信息的能力，这就要求他们能够迅速聚焦于课程的核心内容，同时忽略次要或无关的信息。此外，学生还需要具备较强的自我驱动力和学习动机，因为微课在很大程度上依赖于学生的自主学习。

第二，学生需要适应个性化的学习路径。微课允许学生根据自己的学习节奏、兴趣和能力水平来选择相应的学习模块，这要求学生具备自我评估的能力，以识别自己的强项和弱点，并据此选择合适的学习资源。同时，这也促使学生发展出制订有效学习计划的技能，包括设定学习目标、规划学习时间和监控自己的学习进度。

第三，微课的互动性要求学生积极参与在线讨论和协作学习。这不仅涉及对材料的个体理解，还包括与同伴之间的交流和合作，共同构建知识体系。因此，良好的沟通能力和团队合作精神对于充分利用微课资源至关重要。

5.微课在英语阅读教学中运用的策略

微课在英语阅读教学中的运用，可以通过一系列策略来优化教学过程和提高学习效果，这些策略可以从课前、课中、课后三个阶段进行详细探讨。

(1)课前策略。

第一，需求分析与目标设定。在微课设计之初，教师需要对学生的英语阅读水平、学习风格和兴趣进行深入分析，以便制定符合学生需求的教学目标。这包括确定课程的知识目标、技能目标和情感目标，确保微课内容既具有挑战性，又能够激发学生的学习兴趣。

第二，内容规划与设计。教师应根据教学目标，精心规划微课的内容结构，这包括选取适合微课形式的英语阅读材料，设计吸引学生注意的教学活动，以及准备辅助教学的多媒体资源。教师还需确保微课内容的逻辑性和连贯性，使学生能够在短时间内高效地吸收和理解信息。

第三，技术准备。在课前，教师需要熟悉微课制作所需的技术和工具，包括视频录制、编辑软件的操作，以及在线教学平台的使用。同时，教师还应确保学生具备必要的技术条件和操作能力，以便顺利地进行微课学习和互动。

(2) 课中策略。

第一，互动引导。在微课播放过程中，教师应设计互动环节，如提问、讨论和实时反馈等，以提高学生的参与度和学习兴趣。这些互动环节可以是预设的，也可以是即时生成的，关键在于引导学生积极思考和深入讨论英语阅读材料。

第二，学习策略指导。教师在课中应向学生介绍和演示有效的英语阅读策略，如扫读、精读、注释和批判性阅读等。通过微课，教师可以展示这些策略的具体操作和应用实例，帮助学生掌握如何在阅读过程中运用这些策略。

第三，知识巩固。微课结束后，教师可以通过小测验、练习题或案例分析等形式，帮助学生巩固和应用所学知识。这些活动不仅可以检验学生对阅读材料的理解程度，还可以促进学生对英语阅读技能的内化和提升。

(3) 课后策略。

第一，自主学习支持。课后，教师应提供丰富的学习资源和指导，支持学生的自主学习。这包括提供额外的阅读材料、相关视频链接、在线讨论区等，鼓励学生在课堂之外继续探索和学习。

第二，反馈与评估。教师需要收集学生的反馈信息，评估微课的教学效果。这可以通过问卷调查、在线评价系统或个别访谈等方式进行。教师应根据反馈结果调整教学内容和方法，以更好地满足学生的学习需求。

第三，持续互动。课后，教师应继续通过在线平台与学生保持互动，解答学生的疑问，提供学习建议，鼓励学生分享学习心得和经验。这种持续的互动有助于建立教师与学生之间的良好关系，提高学生的学习动力和自我效能感。

第四，个性化辅导。对于学习进度较慢或有特殊需求的学生，教师应提供个性化的辅导和支持。这可能包括一对一的在线辅导、定制化的学习计划或额外的学习材料，以帮助这些学生克服困难，提高英语阅读能力。

通过上述课前、课中、课后的策略，微课在英语阅读教学中的运用可以更加高效和有针对性。教师和学生都能在这一过程中获得成长和发展，共同推动英语阅读教学的进步和创新。

(二) 情景教学法在英语阅读教学中的运用

1. 情景教学法的认知

情景教学法是一种富有创意和互动性的教学策略，它通过模拟或构建具有实际意义的情境，使学生能够在一个接近现实的环境中学习和应用知识。这种方法在英语阅读教学中的应用，旨在通过情境的创设和角色扮演，加深学生对阅读材料的理解和激发学生的阅读兴趣，同时提高他们的语言技能和社交能力。

（1）情境创设。在情景教学法中，情境的创设是基础。教师需要根据教学目标和学生的实际情况，设计出既有教育意义又能激发学生兴趣的情境。这些情境可以是日常生活中的常见场景，如在餐厅点餐、在机场办理登机手续等，也可以是文学作品中的虚构情境，如历史事件的再现、文学作品中的故事场景等。情境的创设要求教师具备丰富的想象力和创造力，以及对教学内容的深刻理解。

（2）角色扮演。在设定的情境中，学生被分配成不同的角色，并被鼓励从角色的角度出发，使用英语进行交流和互动。这种角色扮演活动不仅能够提高学生的参与度，还能够推动他们在语言实践中进行自我表达和自我反思。通过扮演不同的角色，学生可以从多角度理解和分析问题，有助于培养他们的同理心和批判性思维。

（3）互动交流。在情境中，学生需要与其他角色进行沟通和协作，共同完成任务或解决问题。这种互动不仅有益于学生之间的思想碰撞和知识共享，还能够提高他们的沟通能力和团队合作精神。教师在这一过程中扮演着引导者和协调者的角色，他们需要适时地提供帮助和支持，确保交流的有效性和教学目标的实现。

（4）问题解决。在特定的情境中，学生会遇到各种挑战和问题，这也促使他们必须运用所学的英语知识和阅读技能去寻找解决方案。这个过程不仅能够检验学生对阅读材料的理解程度，还能够锻炼他们分析问题和解决问题的能力。通过情境中的实践活动，学生能够将理论知识与实际应用相结合，从而提高他们的实践能力和创新能力。

（5）反思与评价。在每次情境活动结束后，教师应引导学生进行反思和评价，让他们评估自己在活动中的表现，总结成功的经验，同时思考哪些方面需要改进。此外，教师需要根据学生的反馈和表现来评估教学效果，不断调整教学策略和方法。通过反思和评价，学生能够更好地理解自己的学习过程，教师也可以更有效地指导学生进行学习。

综上所述，情景教学法可通过情境创设、角色扮演、互动交流、问题解决和反思与评价等策略，为学生提供一个富有挑战性和实践性的学习环境。这种方法不仅能够提高学生的学习兴趣和参与度，还能够帮助他们在实践中掌握知识和技能，培养他们的综合素养。情景教学法的有效运用，有助于提高英语阅读教学的质量和效果，是一种值得推广的教学方法。

2.情景教学法在英语阅读教学中运用的作用

"情境教学法通过运用多媒体、实物演示、实验操作、角色扮演等各种手段能够有效创建课堂教学情境，将学习者带入目标语学习的氛围和环境中，对帮助学生理解英语文本内容颇有益处。"① 一般而言，情景教学法在英语阅读教学中运用的作用主要包括以下三个方面。

（1）创造良好的课堂氛围。情景教学法在英语阅读教学中的应用，对于创造良好的课堂氛围具有重要作用。教师在教学过程中，通过创设色彩鲜活的情景，有意识地将学生置身于与日常生活息息相关的情景之中。这种情景化的教学方法既调动了学生的学习积极性和学习热情，又可以让学生通过分析与解决问题，培养批判性思维能力。

在英语阅读教学中，教师利用情景教学法创造出贴近学生日常生活的情景，使学生能够更好地理解课文内容，并将所学知识运用到实际生活中。这种教学方式不仅能够有效地避免英语阅读课堂的枯燥，还能够使学生持续沉浸在活跃的英语语言交流情景中。学生在这样的情境中，能够更加轻松愉悦地参与到课堂教学活动中，从而提高学习的积极性与主动性。此外，情景教学法还能够激发学生学习英语的兴趣，促进他们对英语阅读的深入探索，从而有效地提高教学质量，达到更好的教学效果。

因此，情景教学法的应用为英语阅读教学提供了一种新的思路和方法。通过创设丰富多彩的情景，教师能够有效地营造出积极向上的学习氛围，激发学生学习的热情和动力，进而提高课堂教学的效果和质量。

（2）弥补英语阅读教学的短板。情景教学法在英语阅读教学中的应用，被认为是一种弥补英语阅读教学短板的有效途径。目前，英语阅读教学侧重于阅读理解题目的完成和英语文章的语篇理解，而忽视了英语本身的文化价值，导致学生在全篇内容理解方面存在不足。情景教学法强调通过创设学习环境，尤其是语言文化环境，引导学生融入情景，从而促进对英语阅读内容的全面理解。

教师在应用情景教学法时，将特定情景作为学生的学习背景或环境，并在这种情景下引导学生完成学习目标，这种方法有助于提高学生对英语阅读内容的理解能力，弥补了传统教学方法所忽略的部分。通过情景教学法，教师可以创设真实、生动的语言文化环境，使学生在阅读过程中更加融入，从而更好地理解文章中的语言表达、文化内涵及作者意图。例如，通过模拟真实生活中的对话场景或文化交流情境，学生可以更直观地理解词语、句型的使用背景和含义，从而提高整体的阅读理解能力。

因此，情景教学法的应用能够弥补英语阅读教学中的短板，为学生提供更加丰富、真实的学习体验，促进他们对英语阅读内容的全面理解和深入探索。在英语教学实践中，教师可以尝试运用情景教学法，创造多样化的学习情境，从而提高教学

---

① 丛悦，王学敏. 情景教学法在高校外语阅读理解课堂教学中的应用 [J]. 辽宁省交通高等专科学校学报，2013，15(5)：76.

效果，培养学生的综合语言应用能力。

（3）提高英语阅读教学的有效性。情景教学法在英语阅读教学中的应用对提高教学的有效性具有重要作用。尽管英语阅读教学在教学深化过程中取得了一定进步，但仍然是英语教学的难点之一，这是因为学生阅读水平的提高需要长期的英语单词、语法等知识的积累以及不断地练习。从整体上来看，要提高英语阅读教学的有效性，教师和学生需要花费大量时间才能取得较小的教学成果。然而，情景教学法的应用能够在一定程度上缩短教学周期，提高教学效率，使得教学过程更为高效。

情景教学法的应用不仅在于创设丰富的学习情境，还要注重学生阅读能力和理解能力的实质提升。仅仅依赖情景教学法的外在形式而忽视学生能力全方位的提升是不够的。一些英语阅读课堂虽然采用了情景教学法，但学生在课堂中往往只了解了一些简单的英语内容，而有用的知识和能力却没有提升。这主要是因为教师未能合理设置问题去驱动深化教学进程。因此，在情景教学中，教师应当结合教学任务和目标，设置符合情景的问题，并利用这些问题推动教学进程。通过问题驱动教学，不仅能够提高情景教学的完整性，还可以提高课堂的效率。

情景教学法的内涵丰富多样，通过创设简单情景，结合问题详细分析，可以逐步提高学生的阅读能力。情景教学尊重学生的个性思维，鼓励学生创新和提出独到的见解。例如，通过创设问题情境，鼓励学生主动思考，不断探索问题的答案。在提出问题后，教师应给予学生足够的思考时间和空间，让他们自主探索，发现问题的答案，从而不断提高学生的创新能力。

3. 情景教学法在英语阅读教学中运用的策略

（1）课前5分钟演讲情景的创设。在高校英语阅读教学实践中，学生通过参与课前5分钟的演讲活动，能够体验情景教学法的应用。此策略要求学生根据不同的能力和经验水平，采用相应的演讲方法。

对于刚进入高校的新生而言，他们可以先由表现优异、发音清晰的同学开始进行自选话题的演讲，涵盖诸如天气、新闻、学习经历或家乡介绍等主题。这种做法有助于新生在初次尝试公开发言时减轻紧张感，并培养自信心。对于成绩相对落后的学生，可以通过课外一对一的辅导来帮助其纠正发音错误，再辅以正面激励增强信心。

需要注意的是，在准备演讲过程中，教师需要预先在黑板上记录生词，既为即将上台的学生提供辅助，也帮助其他学生更好地理解即将呈现的内容。完成演讲后，不仅演讲者可以向听众提问，听众也可以向演讲者提出疑问，甚至教师也可以对演讲内容进行评论。这样的互动模式逐步缓解了学生的紧张情绪，并显著提高了他们的口语交际能力。

语言的学习源于生活，反之也应用于生活。然而，英语阅读教学缺乏相应的生活语言环境，因此教师需要为学生创设这种环境。教师可以成为生活语言环境的创建人，在教学过程中使用英语与学生进行交流。在阅读课开始前，通过讲述小故事、张贴英语名言、写下英语短故事等方式，为英语阅读教学提供真实有效的情境，使学生的学习情绪始终处于英语语言的环境中。逐渐地，英语阅读将成为学生生活中的一种习惯，其自主学习的能力也随之得到提高。因此，教师在进行情境创设时，应立足生活，创设适宜的情境，引导学生在原有知识的基础上增长新的知识和生活经验。这样的做法有助于拓展英语阅读的教学和学习渠道，提高学生的学习效率和教学质量，从而完成教学目标。

（2）进行课文情景模拟再现。在英语阅读教学中，采用情景教学法的一项策略是课文情景模拟再现。在这一策略中，教师首先组织学生进行反复阅读理解课文；然后将他们分成小组。教师引导学生运用所学的语言知识和表达技巧进行课文情景模拟再现，要求他们模仿课文内容时要结合实际，用自己的语言表达，这一策略不仅可以帮助学生巩固和拓展语言知识，还可以提高他们的口语表达能力和语言运用能力。

此外，情景教学法还可通过营造轻松愉悦的学习氛围，使英语阅读教学变得更具趣味性和有效性。为此，教师可以采用游戏教学的方法，在课堂上组织学生进行英语接龙游戏、英语话剧表演等活动。通过这些有趣的小活动，教师能够调动学生的学习积极性和激发学生的学习热情，让他们在课堂中积极参与，主动展示自我，从而提升英语口语能力、自我素质和自信心。例如，教师可以设计一个名为"词块接龙"的小游戏，让学生在阅读理解文章中找到陌生词汇，并逐个解释和找出包含相同词块的单词，这样的游戏不仅可以帮助学生快速理解文章中的陌生词汇，还能激发学生的阅读兴趣，练习新的处理阅读理解中陌生词汇的方法技巧。

教师还可以利用英语练习题的特点，提前规划设计并模拟英语阅读练习题中展现的真实情景，让学生进行角色扮演。通过这种方式，学生可以更加投入地参与到练习中，增强学习的趣味性和实践性。教师在角色扮演过程中起到引导和帮助的作用，此方法增加了课堂的趣味性和师生之间的交流，提高了学习效果。相比于传统的教学方式，情景教学法明显提高了学生的学习质量，改善了课堂教的效果。

（3）尝试进行户外情景模式。在英语阅读教学中，尝试采用户外情景模式是一种具有前瞻性的策略，这种方法打破了传统的课堂框架，使学生有机会在自然环境中接触英语，并将所学知识应用于真实情景中，从而更加生动地理解和掌握英语知识。

通过走出课堂，教师可以引导学生在校园内进行户外活动，并利用校园中的景物和工具，让学生进行随机的英语情景模拟。例如，教师可以带领学生走到校园内的情景中，要求他们使用英语进行模拟对话或描述，这样的活动使抽象的英语知识变得更加具体和实用。

采用户外情景模式作为英语阅读教学的一种策略，不仅能够提供更加生动和实用的学习体验，还可以有效地激发学生的学习兴趣和参与度，从而有助于提高教学效果和学习成果。

(三) 支架教学法在英语阅读教学中的运用

1. 支架教学法的认知

支架教学法旨在帮助学生逐步掌握复杂的概念或技能，这种方法通过向学生提供逐步增加的支持和指导，帮助他们在学习过程中逐步发展自己的能力。支架教学法的核心理念是将学习任务分解成更小、更易管理的步骤，并提供适当的支持，以满足学生的需求和能力水平。一般而言，支架教学法具有以下四个方面的特征。

(1) 支架教学法强调教师与学生之间的互动关系。在这种教学模式中，教师不是单纯的知识传递者，而是学生学习过程中的引导者和协助者。教师通过观察学生的认知水平和能力，提供适时的指导和帮助，帮助学生逐步构建新的知识结构。这种指导可以是提问、提示、示范或提供部分信息等形式，目的是引导学生通过自己的努力达到更高的认知水平。

(2) 支架教学法注重学生的自主性和自我发现。随着学生能力的提高和独立性的增强，教师逐渐减少外部支持，让学生在自主探索和实践中学习解决问题。这种逐渐撤除支持的过程称为"撤除支架"，它使学生在面对更具挑战性的任务时能够独立思考和自主操作。通过这种方式，学生能够逐步发展独立完成任务所需的技能和自信。

(3) 支架教学法具有灵活性和适应性。教师根据学生的具体情况和需求，设计和调整教学策略。这意味着教师需要对学生认知水平和学习需求具有敏锐的洞察力，同时还要具备能够灵活运用各种教学方法和资源的能力。支架教学法鼓励教师创造性地调整教学内容和过程，以适应每个学生的个性化需求。

(4) 支架教学法强调合作学习的重要性。在这种教学环境中，学生被鼓励与同伴一起合作学习，共同解决问题。通过小组讨论、合作项目和同伴教学等活动，学生不仅能够从他人那里受益，还能够通过为别人作解释和教授的过程来加深自己的理解。合作学习不仅促进了学生之间的知识共享，还有助于培养他们的社交技能和团队精神。

2. 支架教学法在英语阅读教学中运用的作用

(1) 帮助引导学生建立阅读策略。支架教学法在英语阅读教学中的应用有着显著的作用。

第一，通过引导学生建立阅读策略，支架教学法能够帮助他们有效处理阅读材料。教师可以向学生介绍各种阅读策略，如预测、提问、概括等，并逐步指导他们运用这些策略进行阅读。教师可以在阅读文章之前提出一些问题，引导学生预测文章内容，从而增强学生对文章的理解和把握。

第二，支架教学法可以促进学生的阅读技能和策略的发展。通过在阅读过程中引导学生使用不同的阅读策略，可以逐渐培养他们分析、推断和综合信息的能力。例如，教师可以教导学生如何通过提问来激发对文本的思考，如何通过概括来提炼文章的主旨。这样的实践不仅能够帮助学生更好地理解阅读材料，也培养了他们的批判性思维和解决问题的能力。

第三，支架教学法进一步提高了学生的阅读自信与参与热情。在教师的指导之下，学生得以运用多样的阅读策略，逐步深化对文本的理解，这一过程显著增强了他们的阅读自信。同时，当学生在实际学习过程中亲身体验到这些策略的成效时，他们会更加积极地投身阅读活动之中，主动探索和尝试新的阅读方法，从而提升了他们的阅读积极性和内在动机。

（2）利于学生逐步提高阅读难度。支架教学法在英语阅读教学中的应用，为学生逐步提高阅读的难度提供了有效途径。

第一，支架教学法通过逐步增加阅读材料的复杂性和难度，使学生在适当的情境下不断挑战自己，从而提高阅读水平。教师可以根据学生的实际水平，选择适当难度的文本，并提供相应的支架或辅助措施，帮助学生理解和应对挑战。例如，通过提供词汇表、背景知识介绍、预测问题等方式，引导学生逐步攀登阅读的难度梯度，从简单到复杂，从表面理解到深层理解，从而培养他们的阅读能力和思维能力。

第二，支架教学法同样有助于培养学生的自信心，点燃其对英语阅读的热忱。在阅读的旅途中，学生可能会遭遇理解挑战和词汇壁垒，缺乏恰当的支持与引导时，这些障碍易催生挫败感和负面情绪，进而抑制学生的学习热情。然而，支架教学法允许教师提供必要的辅助与激励，助力学生跨越难关，逐步树立对阅读的信心与兴趣。例如，教师可以鼓励学生积极加入讨论、分享他们的阅读感悟，并给予适时的鼓励和肯定，这样的实践激发了学生的自信和学习积极性，确保他们在阅读过程中维持一种积极向上的态度和饱满的学习状态。

因此，支架教学法的应用不仅可以帮助学生逐步提高阅读难度，还能够促进他们的全面发展，培养他们的阅读能力、思维能力和自主学习能力。教师在实施支架教学时，需要根据学生的实际情况和学习需求，灵活运用不同的支架策略，引导学生逐步成长，实现个性化的教学目标。

（3）有效促进学生的交流与合作。支架教学法可以促进学生之间的交流与合作，

第六章　英语阅读教学及其与多元文化的融合创新

提高学生的学习效果。在阅读课堂中，教师可以组织学生进行小组讨论或合作阅读，让学生互相交流观点、分享理解，从而加深对阅读材料的理解和记忆。通过学生之间的交流与合作，不仅可以拓展学生的思维，还可以提高学生的学习兴趣和参与度。

3. 支架教学法在英语阅读教学中运用的策略

（1）制定目标支架。在英语阅读教学领域，支架教学法的策略之一涉及目标支架的制定，此策略要求教师基于对学生需求、特性及教学内容难度的深入分析，辅助学生明确其学习目标，并据此构建目标支架。在具体操作中，教师需在每个教学单元或课程开始前，精确地帮助学生界定学习目标，突出教学的核心和难点，并通过建立目标支架，将复杂的内容条理化，以便学生能在限定的时间内完成知识的理解、内化和应用。

作为具备深厚学科专业知识与教育理论基础的教育工作者，英语教师应有能力为学生提供全面而精准的学习路径规划。如何让学生在学习过程中占主体地位并掌握主动权，关键在于使他们明确每节课的教学目标。因此，在英语阅读课程之初，教师应巧妙地设计提问环节，以维持课堂氛围的活跃度，并使教学内容富有吸引力，从而极大地激发学生的阅读兴趣，并培养他们的独立思考习惯。提问应具有明确的教学指向性和价值，同时控制问题难易程度并提供恰当的引导，以促进学生思维的活跃，提升教学效果。

需要注意的是，教师预设的学习目标并非固定不变；随着教学过程的推进，学生可能会产生新的疑问、困惑或建议，此时教师也应适时采纳并尝试新的教学方法。因此，目标支架是一个动态调整的过程，教师对目标支架的及时调整不仅使其更趋完善，而且为学生提供了更为有效的学习支持。

（2）搭建文化支架。支架教学法应用于英语阅读教学中，搭建文化支架是至关重要的，其目的在于使学生能够掌握阅读文章所涉及的文化背景和相关人文知识。英语阅读教学往往以英美文化为基础展开，如果学生不了解这些相关的背景和文化知识，将难以准确理解文章内容，甚至可能产生误解。

总体而言，文化支架的构建主要是指在阅读文章中强调的背景文化方面，通常以英语国家的本土文化为基础。若不了解其文化背景，将会阻碍学生对文章内容和主旨的理解。教师需要利用多种资源来构建文化支架，如电影、电视剧、报刊和网络等资源。同时，学生也需要了解各地区的文化历史背景，这样他们就能更容易地掌握文章中强调的信息和内容。支架式教学模式的应用旨在解决传统阅读教学中存在的弊病，因此，在实际教学中，教师应正确理解支架式教学的基本内涵和意义，并在此基础上构建支架、主题支架和文化支架等，以提高英语教学水平和学生的英语成绩。

(3)利用认知结构支架。在英语阅读教学中,利用认知结构支架是一种有效的策略。认知结构支架有助于培养学生的批判性思维和独立思考能力。在搭建支架的过程中,教师可以提出一些开放性问题或引导学生进行深入讨论,激发他们的思维活力。学生通过独立思考可以发现问题、分析问题和解决问题,这是一个内化知识并促进学习的过程。通过这样的互动过程,学生不仅能够加深对阅读材料的理解,还能够形成自己的观点和见解,提高独立思考和解决问题的能力。协作学习在此过程中扮演着重要角色,学生是学习的主体,他们能够发挥各自的长处,取长补短,共同解决问题。通过思考、交流解决问题可以使学生收获颇丰,印象深刻。

影响学习的最重要因素是学生已经掌握的知识,这凸显了学生认知结构的重要性。建构主义学习理论也强调了学生原有认知结构的作用。有时学生掌握了一定知识,但不清楚在何时何地应用,缺乏有效的知识组织结构。学生的实际解决问题能力与潜在发展水平之间的差距被称为"最近发展区"。因此,帮助学生构建、巩固认知结构至关重要。

(4)利用动机与情感支架。在英语阅读教学中,利用动机与情感支架是一种重要的策略。阅读材料并不总是与学生的生活经验直接相关,学生可能对文章中的情境感到陌生。因此,教师需要选择与阅读文章话题相关的情境,并设定能够被接受的情境,以帮助学生理解、学会并将所学内容迁移到新的情境中。情景支架的主要目的在于促使学生迅速融入文章所描述的环境中,提高他们的阅读速度和理解能力。在课堂教学中,教师可以结合阅读内容设置一些情境,以激发学生的学习兴趣和动机。

建构主义学习理论强调学生的主动性和积极性是学习过程的关键。因此,激发学生的学习热情和动机构成了教师构建的第二层支架。心理学研究认为动机在学习过程中具有促进作用,而积极的情感同样是推动学习的重要因素。在阅读教学实践中,教师应当重视培养学生的主动学习态度,激发他们的情感反应,从而形成一个积极的学习循环。教师可以利用文章标题、插图等元素来激发学生的阅读兴趣,通过提问或引导讨论来明确阅读任务,鼓励学生预习文章内容,并引导他们提出问题和参与合作学习。这样的教学活动能够有效地调动学生的学习积极性和主动性,使他们在阅读教学中更加专注和投入。

第三节 多元文化下的英语阅读教学延展

一、多元文化对英语阅读理解能力的影响

多元文化背景对高校学生英语阅读理解能力的影响是复杂而深远的。

(一) 文化认知差异对理解深度的影响

学生的文化认知差异直接影响他们对英语阅读材料的理解深度。来自不同文化背景的学生可能会以不同的方式解释和理解文本中的隐喻、习语、历史引用和文化参照。例如，西方文化中常见的个人主义价值观与东方文化中的集体主义价值观在阅读材料中的表现和解读可能会有所不同。学生如果缺乏对这些文化差异的认识，可能会导致误解或无法完全领会作者的意图和文本的深层含义。

为了克服这一挑战，教师需要在教学中注重培养学生的多元文化意识和批判性思维能力。通过比较分析不同文化中的价值观、信仰和社会习俗，学生可以更深入地理解阅读材料，并发展跨文化理解的能力。此外，教师可以引导学生进行小组讨论和文化分享活动，让学生从同伴那里学习不同的文化视角，从而拓宽他们的认知范围。

(二) 语言习得背景对阅读策略的影响

学生的母语和以往的语言学习经历对其英语阅读理解能力有着显著影响。对于英语作为第二语言或外语的学生来说，他们在阅读英语材料时可能会依赖于母语的翻译或直接对应的思维方式。这种直接翻译的策略虽然在某种程度上有助于阅读理解，但也可能限制了学生对英语表达方式和文化背景的深入理解。

针对这一问题，教师可以采用多种教学策略来帮助学生发展更为有效的阅读策略。例如，教师可以通过教授英语特有的语言结构、修辞手法和文本类型，帮助学生建立起英语思维模式。同时，教师可以引导学生进行预测、推理、总结和批判性分析等高级阅读活动，鼓励他们超越字面意义，探索文本的深层含义和其所反映的文化背景。通过这些策略，学生可以逐渐减少对母语的依赖，进而提高英语阅读的流利度和理解能力。

(三) 文化适应性对学习动机的影响

学生的文化适应性对其学习动机和参与度有着直接的影响。在一个多元文化的学习环境中，学生可能会因为文化隔阂或身份认同的问题感到不安或缺乏归属感，这种感觉可能会影响他们参与英语阅读课程的积极性和热情，从而影响他们的阅读理解能力的提高。

为了提高学生的学习动机，教师需要创造一个包容和支持的学习环境，让所有学生都感到被尊重、被接纳。教师可以通过介绍不同文化的成功案例、组织文化交流活动和鼓励学生分享自己的文化经历，以此来增强学生的文化自信和归属感。此外，教师还可以设置与学生文化背景相关的阅读任务和项目，让学生感到自己的文化身份和经验在英语学习中是有价值的。通过这些方式，学生可能更积极地参与英语阅读学习，从而提高他们的阅读理解能力。

总而言之，多元文化背景对高校学生英语阅读理解能力的影响是多维度的。通过认识和了解这些影响，并采取相应的教学策略和方法，教师可以帮助学生克服文化差异带来的挑战，发挥他们的潜力，提高其英语阅读理解能力。

二、多元文化下英语阅读教材的内容设计

在多元文化背景下，英语阅读教材内容的设计是一项复杂而细致的工作，它要求教材设计者不仅要有深厚的语言知识，还要具备跨文化交际的敏感性和对教育目标的深刻理解。

（一）融合多元文化元素

在当今全球化和多元文化日益交织的世界，英语阅读教材的内容设计面临独特的挑战和机遇。为了适应这一趋势，教材设计者必须在内容选择上展现出高度的敏感性和包容性，以确保教材能够反映世界各地不同文化的丰富性和独特性。

第一，教材内容的设计应当注重文化的多样性和代表性。这意味着设计者需要广泛地搜集和筛选来自不同文化、国家和地区的文本材料，这些材料可以是经典的文学作品、当代的新闻报道、历史文献，甚至是流行文化中的影视作品和音乐歌词。通过这些多样化的文本，学生能够接触到不同文化中的语言表达、思维方式和社会习俗，从而提高他们的文化认知和理解能力。

第二，教材内容的设计应当平衡地展现各种文化的价值和特点。设计者应当避免单一文化的视角，而是从更为全面和客观的角度，展现不同文化之间的相互影响和交融。例如，教材可以介绍不同文化中对家庭、教育、工作和休闲等概念的不同理解和实践，以及这些文化价值观如何影响人们的日常生活和社会行为。通过这样的比较和对照，学生能够更深刻地认识到各文化之间的差异，并学会尊重和欣赏文化多样性。

第三，教材内容的设计应当鼓励学生批判性地思考文化现象。这可以通过提供开放性的问题、讨论议题和写作任务来实现，让学生分析和评价不同文化现象背后的原因和影响。例如，教材可以包含关于全球化对本土文化影响的讨论，或者关于不同文化如何应对相同社会问题和挑战的案例研究。通过这些活动，学生不仅能提高他们的英语阅读能力和表达能力，还能培养他们的批判性思维和跨文化交际能力。

第四，教材内容的设计应当考虑到学生的背景和需求。设计者应当了解学生的文化背景、学习经验和兴趣点，确保教材内容与学生的生活经验和认知水平相匹配。

通过设计贴近学生实际的阅读材料和活动，教材能够更好地激发学生的学习兴趣和参与度，从而提高教学效果。

综上所述，多元文化下英语阅读教材的内容设计是一项复杂而重要的任务。设计者需要在确保语言教学质量的同时，充分考虑到文化多样性的展现、文化价值的平衡、批判性思维的培养，以及学生需求的满足。通过这样的设计，教材不仅能够帮助学生掌握英语语言知识，还能够促进他们的跨文化理解和全球意识的形成。

(二) 促进跨文化理解与交际

英语阅读教材的设计应当注重培养学生的跨文化理解与交际能力，这意味着教材不仅要提供语言知识的学习，还要通过阅读材料和活动设计，帮助学生理解和尊重文化差异，发展有效的跨文化沟通策略。教材可以通过模拟跨文化交际场景、设计角色扮演活动、提供文化对比分析等方法，让学生在实践中学习如何在不同文化背景下进行有效沟通。此外，教材可以引导学生进行批判性思考，分析和评价不同文化现象，从而培养他们的跨文化理解力和判断力。

(三) 反映时代特征与全球议题

在全球化发展的推动下，英语阅读教材的内容设计必须紧跟时代的步伐，反映当下社会的特征和全球性的议题，这种时代性不仅体现在教材对当前全球热点问题的覆盖上，还体现在教材对新兴文化现象和交流模式的包容与整合中。

第一，教材内容应当涵盖一系列全球性议题，如气候变化、可持续发展、全球公共卫生、移民与难民问题、经济全球化等。这些议题不仅关系到每个国家的未来发展，也是国际社会共同关注的焦点。通过阅读和讨论这些议题，学生可以拓宽自己的国际视野，理解不同国家在应对全球性问题时的立场和策略，从而培养他们的全球公民意识和社会责任感。

第二，教材设计者应当关注新兴的文化现象和交流工具，如社交媒体、网络语言、虚拟现实等，并将这些元素融入教材内容中，这些新兴现象和工具正在改变人们的沟通方式和生活习惯，对年青一代的影响尤为显著。教材可以通过案例分析、角色扮演、模拟对话等形式，让学生在模拟的情境中体验和分析这些新兴现象，从而提高他们的媒体素养和信息识别能力。

第三，教材内容的设计应当注重培养学生的批判性思维和创新能力。这可以通过提供具有争议性的话题、复杂的社会问题、多元的观点和视角来实现。教材可以鼓励学生对所学内容进行深入的思考和讨论，并提出自己的见解和解决方案。通过这样的学习过程，学生能够学会如何在多元文化的环境中进行有效的沟通和协作，如何在面对复杂问题时做出合理的判断和决策。

第四，教材内容的设计应当考虑到不同文化背景下学生的需求和特点。设计者应当努力使教材内容具有普遍性和包容性，确保所有学生都能从中获取知识和得到启发。同时，教材还应当提供多样化的学习资源和设计多样化的活动，以适应不同学生的学习风格和兴趣，激发他们的学习热情和创造力。

（四）结合教学目标与学生需求

教材内容的设计应紧密结合教学目标和学生的实际需求。设计者需要根据学生的英语水平、学习风格和兴趣点，选择适合的阅读材料和设计相应的教学活动。教材应当提供丰富的阅读策略和技巧，帮助学生提高阅读理解能力。同时，教材还应考虑到学生的个性化需求，提供不同层次和类型的阅读材料，以满足不同学生的学习需求。

三、多元文化下英语阅读教学的注意事项

在多元文化背景下，英语阅读教学的有效实施需要教师在教学过程中注意以下两个方面。

（一）因材施教

因材施教是英语阅读教学中的重要原则，特别是在多元文化的环境中，学生的文化背景、兴趣爱好和语言水平差异非常明显。教师需要根据学生的个体差异，选择合适的教学方法和材料，以满足不同学生的需求。

第一，对于阅读能力较弱的学生，教师应选择易于理解的材料，如简短的故事或文章，并设计基础性的问题。当学生能够正确回答这些问题时，他们会感到成功的喜悦，从而增强自信心和增加学习动力。

第二，对于阅读能力较强的学生，教师可以挑选更具挑战性的阅读材料，如世界名著或学术期刊，并布置一些高阶任务，如分析作者的写作意图、探讨文化背景等，以激发他们的学习热情并推动他们达到更高的学术水平。

（二）运用多种方法导入文化

文化导入是英语阅读教学中不可或缺的一部分，它有助于学生更好地理解语言背后的文化内涵。

第一，差异对比。通过比较英汉文化之间的差异，教师可以帮助学生理解不同语言表达背后的文化习惯和价值观，这种对比不应仅限于课本材料，而应扩展至更

广泛的文化语境中。

第二，教师介绍。教师可以结合教材内容，有计划地介绍英语国家的文化背景知识，如宗教、价值观、婚恋习俗等，帮助学生系统地了解目标文化。

第三，课外阅读。鼓励学生利用课外时间进行广泛阅读，如小说、杂志、报纸等，以增加对英语国家文化背景知识的了解。

第四，角色扮演。通过设计与日常生活相关的情境，让学生进行角色扮演，可以提高学生对文化知识的实际运用能力，并激发他们的学习兴趣。

第七章　英语写作教学及其与多元文化的融合创新

英语写作教学不仅能够锻炼学生的表达能力，还能够培养其批判性思维。通过引入多元文化，英语写作教学可以更加贴近现实的沟通需求，激发学生的创造力和文化敏感性。本章重点探讨英语写作教学的目标与现状、英语写作教学的内容与特征表现、基于多元文化的英语写作教学实践三个部分。

第一节　英语写作教学的目标与现状探究

一、英语写作教学的目标

第一，基础目标。基础目标主要集中在学生的语言基础知识和基本技能上。首先，学生需要掌握基本的词汇和语法知识，包括常用词汇、短语、句型和语法规则，以确保他们能够构建简单、正确的句子。其次，学生应学会基本的写作技巧，如段落组织、句子连贯和标点使用，以形成清晰、有条理的写作结构，并能够就一般性话题或根据提纲以短文形式进行简短的讨论、解释和说明。

第二，提高目标。在基础目标的基础上，进一步提升学生的写作能力和水平。学生需要能够写出内容充实、逻辑清晰的文章，具备较高的语言表达能力和篇章组织能力；此外，学生还应学会运用多种写作手法和技巧，如描写、议论、说明等，以丰富文章的表达形式和深度；能够使用英语对未来可能从事的工作或岗位的产品、业务等进行简要的书面介绍。在这个阶段，教师还会注重培养学生的批判性思维和创新思维，引导他们能够对不同话题进行深入分析和独立思考，提出自己的见解和观点。

第三，发展目标。发展目标则更加注重学生的综合语言能力和跨文化交际能力。学生需要熟练地运用英语进行各种形式的写作，包括议论文、说明文、叙述文等，以适应不同场合和需求的写作任务；同时，学生需要具备较高的跨文化意识和国际视野，能够理解和尊重不同文化背景下的写作规范和表达方式。在这个阶段，教师还会鼓励学生参与各种英语写作比赛和活动，以锻炼他们的写作能力和展示他们的写作成果。

二、英语写作教学的现状

(一) 学生写作学习的现状

在当前的高校英语教学中，写作教学是一个重要的组成部分，它不仅能够提高学生的英语语言运用能力，还能够培养学生的逻辑思维和创造力。然而，学生在英语写作学习方面的现状既有积极的一面，也存在一些挑战。

第一，随着全球化的不断推进和信息技术的飞速发展，学生有更多的机会接触到原汁原味的英语材料，如英文报刊、学术文章、网络资源等。这些丰富的学习资源极大地拓宽了学生的视野，提高了他们的英语阅读和写作能力。学生可以通过阅读各种类型的英文材料，学习到不同的写作风格和技巧，从而在写作实践中更加得心应手。

第二，现代教育技术的广泛应用也为英语写作教学提供了便利。许多高校利用网络平台和教学软件，创设了多样化的写作教学环境。学生可以在线上进行写作练习，接收老师的即时反馈，甚至与来自世界各地的同学进行交流和讨论。这种互动性强、反馈及时的学习方式，有助于激发学生的写作兴趣和提高他们的写作水平。

第三，学生在英语写作学习中也面临一些挑战。一方面，由于长期以来受应试教育的影响，部分学生可能过于重视语法和词汇的积累，而忽视了写作思维的培养和逻辑结构的组织，这导致他们的写作可能在形式上看似完美，但在内容和深度上却显得较为薄弱。另一方面，由于文化差异和语言习惯的不同，学生在写作时可能会遇到理解和表达的困难。他们可能难以准确把握英语语境中的细微差别，或者在表达自己的观点时缺乏说服力。这就需要教师在教学中更加注重跨文化交际能力的培养，帮助学生克服文化障碍，提高他们的写作交际能力。

总之，高校英语写作教学中学生写作学习的现状是复杂多元的。通过不断探索和实践，我们可以找到更加有效的教学方法，帮助学生克服困难，挖掘潜力，成为具有国际视野和跨文化交际能力的英语写作高手。

(二) 教师写作教学的现状

1. 写作教学系统性不足

（1）教学目标方面的不足。在英语写作教学的过程中，确立清晰且系统的教学目标是至关重要的。正如任何技能的掌握都需要时间和努力一样，英语写作技能的培养同样需要经历一个逐步积累和提升的过程。这个过程要求我们的教学目标既要有远见，也要贴合实际，确保学生能够在每个阶段都有所收获，逐步向最终的学习目标迈进。

当前,在实际英语阅读教学中,教学目标在不同阶段之间存在一定的不协调,这种情况可能是由于教学目标的制定未能充分考虑到学生的生理和心理特征,或是未能有效结合写作教学的内在规律和英语课程的具体要求。这种目标之间的不协调可能会对提高学生的写作能力造成阻碍,因此需要教师和学校共同努力,对教学目标进行细致的审视和调整,以确保它们之间的连贯性和科学性。此外,教师对于教学目标与学生实际写作水平之间关系的认识也至关重要。教学目标应当是教师和学生共同期望达到的学习效果,它代表了一种未来的且尚未实现的状态。理想的教学目标应当与学生的实际水平保持适当的距离,既能激励学生努力提升,又不至于过于遥远而使学生失去学习动力,过大或过小的差距都不利于学生写作能力的提高。

(2)教学方法方面的不足。英语写作教学系统性不足还体现在教学方法上。所谓方法,就是一种对活动程序或准则的规定性,是一种能够指导人们按照一定的程式、规则展开行动的活动模式。系统性是英语写作教学方法的内在规定,是有效运用教学方法的重要基础。离开了系统,教学方法也就失去了意义和价值。这是因为教学方法实际上是整个教学系统的一个子系统,它与教学目的、教学内容及师生间的互动均联系密切:没有明确的教学目的,写作教学就会迷失方向;脱离了教学内容,教学方法就毫无意义;缺少了师生之间的互动性和双边性,教学方法也就没有了价值。因此,不同的教学目的、教学内容、师生关系应该对应不同的写作教学方法及其具体措施。

在不同的内外条件下,写作教学方法的系统运作会呈现不同的水平和层次。因此,英语写作教学方法的运作必须根据教学系统中的各项组成部分来进行,否则就会造成种种矛盾,影响写作教学的效率。而对照我国英语写作教学中所使用的教学方法可以看出,这些方法大多是无效的、失败的,因为它们大多不系统、不连贯,缺乏针对性。

(3)写作指导方面的不足。写作教学的系统性对提高写作教学质量至关重要。虽然写作技能和能力的提高需要大量的实践,但是盲目地练习并不等同于有效的训练。如果写作练习缺乏明确的目标,即使投入大量时间也可能效果甚微。此外,写作是一个涉及从词汇选择、句子构建到段落和篇章创作的过程,从记叙文到议论文的撰写,从构思、初稿到修订,这是一个由浅入深的系统过程。因此,教师对学生的写作指导也应该是系统的。

在我国的英语写作教学中,需要进一步强调系统性的重要性。教师在教授写作时,以及学生在学习写作时,都应设定清晰的目标,并制定长期的学习规划。这样,教学就不再是只会依赖教材随机地进行,而是有目的、有计划地传授写作知识和技能，从而显著提高写作教学的成效。通过这种更积极和有目标导向的教学方法，可以更有效地帮助学生掌握写作技巧，提高他们的写作能力。

2. 教与学存在颠倒现象

在当前的英语写作教学中，教师在教学方法和策略上的努力是显而易见的。他们致力于设计多样化的教学活动，运用各种教学资源，以提高学生的写作技能和兴趣。然而，在教与学的实践中，仍然存在一些不尽如人意的现象，这些现象在一定程度上影响了教学效果的最大化。

（1）教师在教学中可能过于侧重于理论知识的传授，从而忽视了学生实际操作和实践的重要性。这种重理论、轻实践的教学模式会导致学生在理解写作规则和技巧的同时，缺乏将这些知识应用到实际写作中的能力。学生虽然在课堂上掌握了丰富的写作知识，但在独立完成写作任务时，却难以有效地运用这些知识，从而无法达到预期的学习效果。

（2）教师在教学过程中可能未能充分考虑到学生的个体差异。由于学生的学习背景、兴趣和能力各不相同，单一的教学方法很难以满足所有学生的需求。这种传统的教学方式可能会使部分学生产生挫败感，进而对写作生出抵触情绪；而另一部分学生则感到课程内容没有挑战性，因而缺乏动力去深入探索写作技巧和进一步提高写作能力。

（3）教师在教学中可能未能有效地调动学生的主动性和激发学生的创造性。写作本质上是一种创造性的活动，需要学生发挥自己的想象力和思考能力。然而，如果教学过程中过于强调标准答案和固定模式，学生很容易逐渐丧失探索和创新的欲望，同时写作能力的提高也会受到限制。

为了改善这一现状，教师需要不断探索和尝试更加有效的教学方法。他们应当注重将理论与实践相结合，鼓励学生通过写作练习来巩固和应用所学知识。同时，教师也应当关注学生的个体差异，采用多样化的教学策略，以满足不同学生的学习需求。通过创造一个具有开放性和支持性的学习环境，教师可以激发学生的写作热情，引导他们发挥创造力，从而在写作上取得更大的进步。

3. 批改方法缺乏有效性

在英语写作的教学过程中，作文的批改环节扮演着至关重要的角色。然而，当前的批改实践在某些方面仍有待优化。部分教师在批改作文时，可能会较多关注文本的语言表层，如拼写、词汇使用和语法结构等，而相对较少地关注学生在写作过程中的思维发展和逻辑构建能力，这种批改方法容易引导学生过分关注写作的形式正确性，而相对忽视了文章内容的深度和逻辑性。此外，教师在提供反馈时的措辞和态度同样关键。部分教师可能在指出学生错误时较为直接，而较少给予正面的鼓励和支持，这种教学方式容易影响学生的写作积极性，使他们在面对写作任务时倍感压力，从而对写作产生回避心理，对于自身写作中遇到的问题将难以进行有效的反思和改进。

为了提高批改的有效性，教师可以尝试采取更加平衡和全面的方法。在批改作文时，除了纠正语言错误，教师也可以注重评价和指导学生在文章结构、论点发展和逻辑连贯性方面的表现。通过这种批改方式，学生可以更好地理解写作的深层要求，从而在提升语言能力的同时，也能够锻炼和发展他们的思考和表达能力。此外，教师在提供反馈时，可以采用更具有建设性和鼓励性的语言。通过肯定学生的努力和进步，指出他们在写作中的亮点，同时给出具体的改进建议，这种方式可以帮助学生建立自信，激发他们继续提高写作技能的动力，这种积极的教学态度不仅能够激发学生对写作的兴趣和热情，还能够帮助他们以更积极的心态去面对写作中遇到的各种挑战，从而更好地实现自身的成长和进步。

第二节　英语写作教学的内容与特征表现

一、英语写作教学的内容

"作为高校英语专业的核心课程，'英语写作'肩负着培养学生英语书面表达能力、思辨能力和跨文化交际能力的重任"[①]，其核心在于将清晰且严密的思维方式通过"论点+论据"的结构形式表达出来。这一过程不仅考察学生对英语语言的逻辑分析和组织能力，还涉及对语言运用的熟练程度。高校英语写作教学内容主要包括以下六个方面。

第一，发现论点。①主要知识点：探讨主题句在文章中的位置安排和构建方法，以及如何满足写作要求；②能力培养要求：引导学生深入理解主题句的概念，掌握撰写符合规范的主题句的技巧，从而有效明确文章的中心论点。

第二，开头与结尾段落的写作。①主要知识点：介绍开头和结尾段落的写作技巧和方法，包括如何吸引读者注意力和如何进行有效的总结；②能力培养要求：使学生能够熟练地撰写文章的开头和结尾，确保文章结构的完整性和逻辑性。

第三，写作过程。①主要知识点：涵盖构思阶段的各种方法，如自由写作、提问、提纲草拟等，以及文本修订的具体步骤；②能力培养要求：让学生认识到一篇优秀的作文始于精心的构思，并理解在写作过程中不断修订和完善的重要性。

---

① 赵永刚. 移动互联网时代"英语写作"课程教学的困境与破解[J]. 宁波教育学院学报，2023，25(3)：63.

第四，段落一致性。①主要知识点：讨论如何通过具体且恰当的细节来支持段落中的中心论点；②能力培养要求：培养学生运用具体论据来支撑论点的能力，确保段落内容的一致性并具有说服力。

第五，段落的连贯与过渡。①主要知识点：介绍组织论据的多种方法，如时间顺序、举例、因果关系、对比、定义、分类等，以及过渡词汇和其他连接手段的运用；②能力培养要求：使学生掌握如何有效地组织和连接论据，以增强文章的连贯性和流畅性，同时学会使用过渡手段来保持文章的整体性。

第六，遣词造句。①主要知识点：涉及排比、一致性、简洁明了的用词、句型变换等写作技巧，以及如何修正常见的句式错误；②能力培养要求：通过系统地介绍遣词造句的技巧，使学生能够在写作中准确地选择和运用词汇，构建多样化的句子结构，同时纠正诸如主谓不一致、悬垂修饰语、修饰语错位、破句、粘连句等常见的错误句式。

二、英语写作教学的特征表现

英语学习主要包括听、说、读、写四项技能的训练。其中，写作教学与其他技能相比，具有以下几个特征。

(一) 英语写作教学对教师的要求较高

英语写作教学作为高等教育体系中的重要组成部分，不仅对学生的学术发展和实际应用能力的提高具有深远影响，同时对承担教学任务的教师提出了较高的要求。这些要求既体现在教师所具备的扎实的英语语言功底和丰富的写作经验中，也涉及教学理念、方法和技巧的不断创新与完善。

第一，英语写作教师需要具备深厚的语言文化素养和专业知识。他们不仅要精通英语语法、词汇、句式结构等基础语言要素，还要对英语写作的规范和风格有深入的理解和把握。此外，教师应熟悉各种写作体裁和格式，能够根据不同的写作目的和读者群体，指导学生进行有效的写作实践。

第二，教师在教学方法上需要具有创新性和灵活性。他们应当能够根据学生的具体情况和需求，设计多样化的教学活动和练习方式，以激发学生的写作兴趣和创造力。同时，教师应掌握现代教育技术，如在线写作平台、互动式教学软件等，以提高教学效率和增加学生的学习体验。

第三，英语写作教师在教学过程中应具备高度的责任感和耐心。写作能力的培养是一个长期且复杂的过程，教师需要对学生的进步持续关注，提供及时、具体和建设性的反馈。他们应当鼓励学生在写作中勇于尝试和表达，即使面对错误和挑战也不应气馁，正确引导学生从中学习和成长。

第四，教师需要具备良好的沟通能力和团队合作精神。在教学中，不仅能与学生进行有效的互动，还要与其他教师、学术顾问以及外部写作专家进行合作，共同为学生提供丰富的写作资源和支持。

第五，英语写作教师应持续进行专业发展和自我提升。他们应当关注写作教学的最新研究和趋势，不断更新教学内容和方法，以适应不断变化的教育环境和学生需求。通过参加学术研讨会、工作坊和在线课程等方式，教师可以不断提高自己的教学水平和专业素养。

（二）英语写作是一个输出和检验的过程

首先，学生要有一定的信息输入，即对体裁、内容都要有一定的了解，需要将他们在课堂上或课堂下掌握的语言知识、写作技巧、文化常识等，通过文字的形式表达出来。这个过程要求学生能够灵活运用所学的知识和技能，将它们转化为具有逻辑性和连贯性的文字。其次，在写作过程中，学生需要不断地修订和改进自己的作品，以确保语言表达的准确性和逻辑性。这种自我检验和反思的过程有助于学生发现自己的不足之处，并采取相应的措施进行改进。最后，教师和其他读者在阅读学生的作品时，也会对他们的写作进行评价和反馈，这些评价和反馈能够进一步帮助学生认识到自己的问题所在，从而进行更有针对性的改进。

（三）英语写作教学是一个循序渐进的过程

首先，学生的写作技巧需要逐步积累和提升。在写作初期，学生往往只能掌握基础的词汇和语法，能够写出简单的句子和段落。随着教学的深入，他们需要逐渐扩大词汇量，掌握更复杂的语法结构，并能够构建逻辑清晰、内容丰富的篇章。这种从简单到复杂、从基础到高级的进步，必然是一个逐步积累和提高的过程。

其次，英语写作涉及多方面的知识和技能，包括构思、组织、表达、修改等。这些技能的培养不可能一蹴而就，而需要分阶段进行。比如，教师可能首先教授学生如何审题和构思，然后逐步引导学生学习如何展开段落、使用恰当的过渡词、进行语法和拼写检查等。每一个阶段的教学都是建立在之前的基础上，层层递进，逐步深化。

最后，学生的个体差异也决定了英语写作教学需要循序渐进。不同学生的语言基础、学习能力、兴趣爱好等都有所不同，因此在教学过程中需要因材施教，根据学生的实际情况进行有针对性的指导。这种个性化的教学方式要求教学过程必须循序渐进，以便更好地适应学生的学习需求和进步速度。

第三节　基于多元文化的英语写作教学实践

一、多元文化对英语写作的影响

(一) 措辞方面的影响

随着全球化的深入发展，多元文化环境对高校英语写作教学产生了显著的影响，其影响主要体现在学生在英语写作中必须考虑到不同文化背景下的措辞习惯等方面。

第一，由于不同文化对比喻、隐喻等修辞手法的理解存在差异，高校英语写作需要训练学生如何恰当地运用这些手段。例如，在西方文化中，"dog"可能与忠诚相关联，而在一些东方文化中，该词可能带有贬义。因此，当学生写作涉及以动物作比喻时，需要考虑到目标读者的文化背景，选择更加中性的词汇，如使用"a loyal friend"代替"a dog"来避免文化差异导致的误解。

第二，在引用不同文化的成语、谚语时，学生必须充分理解其文化内涵并确保其在文中恰当使用。例如，成语"画蛇添足"在中文中意味着做了多余的事，但直译成英文后，不了解中国文化的人可能无法理解其寓意。在这种情况下，应考虑提供必要的解释或寻找一个相似含义的英语习语，如"gild the lily"，以保证清晰表达文章的意图。

第三，多元文化影响了格式和结构方面的写作习惯。不同文化对于论证方式、组织结构有着不同的期待。例如，有的文化偏好直接明了的论述，而有的文化则倾向于间接和含蓄的表达方式。这意味着学生在写作时不能仅遵循自己文化中的写作模式，而应学会根据不同文化背景调整自己的写作方式。

(二) 造句方面的影响

多元文化环境对英语写作造句方面产生了深远的影响。在全球化的背景下，不同文化背景的人们越来越多地使用英语作为交流的共同语言，这种语言的广泛使用促进了文化交流，进而丰富了英语写作的表达方式和内容。

第一，多元文化环境中的英语写作造句往往融合了多种语言的特点，当前一些非英语母语的作者可能会在造句时不自觉地引入自己母语的语法结构或表达习惯，这种现象被称为"语言迁移"。中文中常见的重复使用形容词来加强语气的句式，在英语写作中也可能出现，如"这个报告非常非常重要"，虽然在英语中不常见，但在多元文化的影响下，这样的表达方式可能会被接受和理解。

第二，多元文化背景下的英语写作更加注重文化敏感性和包容性。作者在造句时应更加注意避免使用可能排斥特定文化群体的词汇和表达。例如，在描述不同文化背景的人物时，作者可能会选择使用中性的、尊重的词汇，而不是带有刻板印象的标签。这种文化意识的提高有助于促进跨文化的理解和尊重。

第三，多元文化环境为英语写作提供了丰富的素材和视角。作者可以从不同的文化故事、传统和习俗中汲取灵感，创造出具有文化多样性的句子。例如，印度的传统节日、非洲的民间传说或拉丁美洲的历史事件都可以成为写作中引用的内容，使得句子更加生动和有趣。例如，一位来自日本的英语写作者在描述春天的到来时，可能会使用这样的句子："樱花如粉色的雨，缓缓落在安静的街道上。"这个句子中，"粉色的雨"这一形象的比喻融合了日本文化中对樱花的独特情感和审美，使句子充满了诗意和文化色彩。又如，一位来自加勒比地区的英语写作者可能会在描述海滩场景时写道："阳光下，碧蓝的海水与金色的沙滩交织成一幅热带风情画。"这里，"热带风情画"的比喻不仅描绘了海滩的美丽景色，还描述了加勒比地区特有的热情和活力。

二、基于多元文化英语写作教学的实践策略

（一）注重文化导入

为了有效降低汉语对英语写作的潜在影响，英语写作教学应重视文化的融合与交流。教师在教学过程中应鼓励学生通过多样化途径深入理解中西方文化的本质差异，以及这些差异如何体现在英汉写作风格上，进而增强学生的语言实际应用能力。

鉴于学生的学习环境深受汉语文化的影响，其思维方式、表达习惯和写作风格难免受到限制，这对于他们掌握英语思维和表达方式、撰写地道英文作文构成了障碍。因此，教师在英语写作教学中可以采用图片、音频、视频等丰富的教学资源，创造一个沉浸式的英语学习环境，帮助学生更深入地了解英语国家的文化背景。同时，通过安排与外籍教师、学者的交流互动，学生能够全面接触和理解英语文化的多样性。通过这些多元化的学习和体验，学生能够拓宽视野，加深对英语文化的感知，从而逐步提高英语运用能力。长期坚持，学生将能够逐渐适应用英语进行思考、表达和写作，从而有效避免了"中式英语"的产生，培养出更加国际化的英语写作能力。

（二）对比英汉差异

在英语写作教学中，对比英汉差异是一项至关重要的策略。由于中西方文化在表达方式、思维方式和价值观念上存在明显差异，这些差异直接反映在语言使用和

写作风格上。因此，教师在教学过程中需要有意识地引导学生认识到这些差异，并在写作实践中加以应用。

第一，教师可以通过对比分析，让学生了解英汉两种语言在遣词造句上的差异。例如，汉语中常见的四字成语和修辞手法在英语中可能没有直接对应的表达方式，而英语中的习语和隐喻也需要学生掌握其文化背景和使用场合。通过具体的例句对比，学生可以更直观地感受到两种语言在表达方式上的不同，并学会如何用英语准确地表达相同或相似的概念。

第二，文章结构方面的差异是教学中的一个重点。汉语写作往往更注重情感的抒发和意境的营造，而英语写作则更强调逻辑性和条理性。教师可以通过分析英语文章中的论点展开、论据支持和结论总结等，帮助学生理解英语写作的结构要求。同时，通过对比汉语文章的结构特点，学生可以更清晰地认识到在英语写作中如何有效地组织信息和论点。

第三，教师在批改作文时，应注重指出学生作品中的英语表达习惯问题。例如，汉语中的主谓宾结构可能在英语中需要调整为更符合英语语法规则的句子结构。教师可以提供地道的英语表达作为参考，让学生通过对比学习，逐步提高自己的写作水平。这个过程不仅涉及语言形式的调整，还包括对英语文化和表达习惯的深入理解。

第四，鼓励学生进行跨文化交流是提高英语写作能力的有效途径。通过与来自不同文化背景的人交流，学生可以亲身体验到文化差异对语言表达的影响，从而在实际写作中更加注意文化适应性和表达的地道性。

(三) 读写结合教学

"阅读和写作是二语习得者需要掌握的重要语言技能，阅读属于输入技能，写作属于产出技能，阅读与写作之间有着密切的联系"[①]，在多元文化背景下，高校英语写作教学面临诸多挑战和机遇，其中，读写结合教学是一种有效的实践策略，它不仅能够提高学生的英语写作能力，还能够帮助学生更好地理解和吸收不同文化背景下的知识和信息。

读写结合教学的核心在于将阅读和写作两个环节紧密相连，通过阅读优秀的英语文章来启发和提升学生的写作技巧。在这种教学模式中，教师可以选取涵盖多元文化主题的英文读物，如反映不同国家历史、文化、社会问题的短篇小说、散文、报刊文章等。通过这些阅读材料，学生不仅能够学习到地道的语言表达，还能够了解和比较不同文化背景下的思维方式和价值观念。例如，教师可以选用一篇描述美

---

① 满静. 高校英语"读写结合"课程可行性及其实施路径 [J]. 英语广场 (学术研究), 2021 (23): 119.

国民权运动的文章，让学生在阅读中学习如何通过叙事与论述相结合的方式，来表达复杂的社会问题和个人观点。在阅读结束后，教师可以组织学生进行小组讨论，分享他们对文章内容的理解和看法，从而激发学生的批判性思维和创造性思考。在写作环节，教师可以引导学生运用在阅读中学到的写作技巧和语言表达，尝试自己撰写文章。例如，学生可以围绕一个与自己文化背景相关的话题，如传统节日、社会变迁等，进行写作练习。在这个过程中，教师应鼓励学生在写作中融入自己的文化视角和个人经验，同时注意保持语言的准确性和逻辑性。

此外，读写结合教学还可以通过写作工作坊、同伴评审等方式，进一步增强学生的写作实践能力。在工作坊中，学生可以相互交流写作经验，共同解决写作中遇到的问题。通过同伴评审，学生不仅可以学习他人作品中的技巧，还能够提高自己的批判性阅读能力。

（四）进行仿写训练

在多元文化背景下，进行英语写作教学时，仿写训练是一种有效的实践策略。通过模仿优秀的英文写作样本，学生可以学习并吸收不同文化中的写作风格、表达习惯和语言特点，从而提高自己的写作技巧和跨文化交际能力。

仿写训练的第一步是选择合适的阅读材料。教师可以挑选具有代表性和多样性的英语文章，如来自不同国家的文学作品、报刊评论、博客文章等，确保这些材料涵盖了广泛的文化元素和社会话题。这样的选择不仅能够丰富学生的阅读体验，还能够为他们提供多样化的写作范本。

在仿写过程中，学生需要仔细阅读并分析选定的文章，理解作者的写作目的、结构布局、语言运用等方面的特点。随后，尝试模仿这些特点，撰写一篇类似主题或风格的英语文章。例如，如果阅读材料是一篇关于环境保护的议论文，学生可以尝试运用类似的论证方法和语言风格，撰写一篇关于本地文化保护的文章。

教师在指导仿写训练时，应注重培养学生的创造性和批判性思维。鼓励学生在模仿的基础上加入自己的见解和创意，使仿写不仅是学习技巧的过程，也是个人思想和文化表达的过程。同时，教师也应提供反馈和指导，帮助学生识别和改正写作中的错误，提高他们的语言准确性和文化敏感性。

总而言之，通过仿写训练，学生不仅能够学习到多元文化中的写作技巧，还能够加深对不同文化背景下语言表达内涵的理解。这种策略有助于学生在实际写作中更加自如地运用英语，表达跨文化主题，从而在全球化的语境中更好地进行沟通与交流。

第八章 英语翻译教学及其与多元文化的融合创新

随着全球化的深入发展，英语翻译作为跨文化交流的重要桥梁，其教学与研究日益受到关注。本章旨在探讨英语翻译教学及其与多元文化的融合创新，以期提高英语翻译教学的质量与效果，内容包括英语翻译的方法与教学特征解读、多元文化视角下的英语翻译实践、多元文化视域下的英语翻译教学研究三个部分。

第一节 英语翻译的方法与教学特征解读

一、英语翻译的方法

(一) 英语翻译的直译法

所谓直译，是指译文仍然采用原文的表现形式，句子结构和语序不做调整或不做大的调整，"它是以句子为单位，尽量保持原文的语言结构、形式，以及隐喻等，有助于表现原文的形象、思维、语言趣味"[①]。

1. 直译法的翻译特征

直译法作为翻译策略之一，具备以下鲜明的翻译特征。首先，直译法强调对原文内容的忠实性，致力于准确传递原文的核心意义，确保译文在内容上与原文保持高度一致。其次，直译法追求对原文形式的忠实，即在保持原文内容的基础上，力求在选词用字、句法结构、形象比喻以及风格特征等方面实现译文与原文的趋同。尽管语言和文化差异可能导致完全复制原文形式的不可能性，但直译法仍努力在可行范围内使译文无限接近原文形式。最后，直译法注重译文的通顺性。它要求在保持原文特色的同时，确保译文的语法结构、逻辑关系和表达方式均符合目标语言的规范，使译文流畅自然，易于被读者理解和接受。

---

① 周婷. 大学英语翻译技巧与实践教程 [M]. 武汉：华中科技大学出版社，2017：6.

2. 直译法的翻译应用

(1) 习语直译。

crocodile tears 鳄鱼的眼泪

fish in troubled waters 浑水摸鱼

chain reaction 连锁反应

经济特区 special economic zone

绿色食品 green food

(2) 句子直译。

例1：I would draw a further conclusion, which I believe is central to assessing Chira's future place in the world economy.

直译：我想进一步得出结论，我认为这个结论对于评估中国今后在世界经济中的地位是至关重要的。

例2：He is said to be a rough diamond.

直译：人们说他是浑金璞玉。

例3：Smashing a mirror is no way to make an ugly person beautiful, nor is it a way to make social problems cvaporate.

直译：砸镜子并不能使丑八怪变漂亮，也不能使社会问题烟消云散。

例4：He walked at the head of the funeral procession, and every now and then wiped his crocodile tears with a big handkerchief.

直译：他走在送葬队伍的前头，还不时用一条大手绢抹去那鳄鱼的眼泪。

总而言之，直译有其自身的优势。直译不仅能够最大限度地保留原文的字面，而且可使读者更好地理解原作的文学风格，促进语言的多样性，丰富目的语的语言形式，有利于跨文化的沟通与交流。

(二) 英语翻译的意译法

意译法的核心在于既要表述原文的内容，同时又要不拘泥于原文的形式。在实际操作中，由于源语言和目标语言在表达习惯和文化背景上的差异，意译可能无法完全复制原文的表达形式，更不用说达到相同的审美效果。意译首先要重视内容的忠实传达；其次要确保译文的流畅性和可读性，包括在词汇选择、句法构造、比喻运用及风格特征等方面，尽可能地贴近目标语言读者的语言习惯和审美期待。至于原文的形式，则通常不是意译的重点。

意译的功能主要围绕"效果"展开，译者可以对原文的词句顺序、逻辑关系、修辞手法等进行调整和变通，使译文地道、流畅，符合读者的阅读习惯，更好地传达原文的艺术效果。从跨文化语言交际和文化交流的角度来看，意译强调的是译语文化体系和原语文化体系的相对独立性。意译更能够体现出本族的语言特征，如习语、诗词、成语等的翻译，常常通过意译来达到"信、达、雅"的效果。

(三) 英语翻译的增译法

由于英汉两种语言文字之间存在巨大差异，在翻译过程中很难做到字、词、句完全对等。因此，为了准确地传达出原文的信息，往往需要对译文进行增译。增译是在翻译过程中，基于原文内容，适度增添必要的单词、词组、分句或完整句，旨在使译文在句法结构和语言形式上契合目的语的表达习惯。此举不仅有助于确保译文在文化背景和词语联想方面与原文保持高度一致，更能有效实现译文与原文在内容、形式及精神层面的对等，从而达成翻译活动的核心目标。增译法的运用主要包括意义和修辞上的增译，以及句法上的增译。

1. 英语意义及修辞上的增译法翻译

英汉互译时，有时需要增加合适的动词、形容词或副词等，使译文流畅自然。

（1）增加动词。由于汉语倾向于使用更多的动词进行丰富表达，因此在英译汉时，增加适当的动词有助于使译文更加生动形象。

（2）增加形容词。为使译文读起来更顺畅自然、清晰达意，有时候也会根据原文的意思在译文中增加一定的形容词。

（3）增加副词。副词能够修饰动词、形容词等，在一定场合适当增加，能使表达更加准确、具体。

（4）增加表示复数的词。汉语中没有形态变化来直接表示名词的复数，因此在翻译英语中表达复数的句子时，通常需要添加"各位、诸位、们"等词汇来明确这一概念。

（5）增加表达时态的词。由于英汉语言的差异，英语通过动词的形态变化来表示不同的时态，而汉语则通常需要使用助词、时间状语等方式来表达时态。因此，在翻译时，为了准确表达原文的时态信息，有时需要增加表示时态的词以达到效果。

（6）增加语气词。汉语中的语气词很多，在翻译时，增加适当的语气词可以传递原文的情感色彩，使译文更富有感染力。

（7）增加量词。汉语在表达数量时经常使用量词，而英语则往往省略，因此在英译汉时需要补全量词。

（8）增加概括词。有时为了使译文更加凝练，可以添加概括词来总结或概括原文的内容。

（9）增加承上启下的词。为了使译文更加连贯流畅，可以添加一些承上启下的词或短语，如"然后""因此""而且"等。

2. 英语句法上的增译法翻译

(1) 增补原文句子中所省略的动词。

例1：We should always keep in mind the need to protect the environment.

译文：我们应该时刻牢记保护环境的必要性。

例2：After dinner, he went to his room and started reading a book.

译文：晚饭后，他回到自己的房间，开始阅读一本书。

(2) 增补原文比较句中的省略部分。

例1：This book is more informative than that one, but less entertaining.

译文：这本书比那一本更有信息量，但趣味性却不如那一本。

例2：This newly-released smartphone model offers better performance than its predecessor, but it is also pricier.

译文：这款新发布的智能手机型号相较于前代产品性能更佳，但价格也更为昂贵。

鉴于英汉两种语言在词汇使用和句法结构等方面存在显著差异，翻译过程中往往需要采取多种策略以实现两种语言之间的顺畅对接。其中，增译法是有效策略之一。简单的逐词对译可能会导致译文显得生硬难懂，甚至在某些情况下偏离原文的意义，而运用增译法则能够使译文在保持原文精神的同时更加自然流畅，可以准确无误地传达信息。

增译法往往是译者在推敲译文或校对译文的过程中进行的，可见这类调整与译者的母语语感有很大关系。从本质上说，这是一个译文的可读性问题（readability），其关键在于求得译文与原文在深层结构上的对应，而不求双语在词语形式上的机械对应。总而言之，通过增译，一是保证译文语法结构完整，二是保证译文意思明确和准确。

(四) 英语翻译的减译法

所谓减译法，即指在翻译过程中为了使译文简明、准确，而省去一些词或短语。英汉翻译中常常会省略一些介词、冠词、名词和连词等，这些词在原文中是必需的，而在译文中却可有可无。

减译是翻译中一种比较常见的现象，它符合语言使用的经济原则，即人们在交际中尽量使用比较少的、省力的语言单位来传达较大量的信息。

减译法是基于英汉两种语言的差别的。例如，汉语并没有冠词和不定式的标记（infinitive markers），而且代词、连词以及介词在汉语中的运用频率不及英语，所以在进行英汉翻译时，有必要进行减译。总体而言，减译包括修辞方面（Rhetorical Omission）和语法方面（Grammatical Omission）两个部分。

1. 英语修辞层面的减译法翻译

（1）省略重复短语或单词。

例 1：Instead of one old woman knocking me about and starving me, everybody of all ages knocked me about and starved me.

译文：那时打我、让我挨饿的不只是一个老太婆，而是老老少少各式各样的人。

例 2：She loved the flowers, the colors, and the smells. She loved everything about them.

译文：她喜欢这些花，喜欢它们的色彩和香气，喜欢与它们有关的一切。

（2）省略不必要短语与单词。

例 1：His younger sister is an actress.

译文：他妹妹是个演员。

例 2：Could you help me in any way?

译文：你能帮帮我吗？

2. 英语语法层面的减译法翻译

（1）形容词减译。

例 1：我们应对过去的历史有所了解。

原译：We should know a little of our past history.

翻译时可以省略 past。

例 2：外贸有了新的发展。

原译：Foreign trade had made fresh progress.

翻译时可以省略 fresh。

（2）副词减译。

例 1：我们一定能够达到目标。

原译：Our goal will certainly be attained.

翻译时可以省略 certainly。

例 2：价格要适当调整。

原译：Prices should be appropriately adjusted.

翻译时可以省略 appropriately。

（3）介词减译。

例 1：我们已经从其他国家有计划、有选择地进口了一些成套设备。

原译：We have imported in a planned and selective way from other countries some complete plants.

翻译时可以省略 from other countries。

例2：要广泛动员中小学生学习科普知识。

原译：Primary school and high school students should be mobilized on an extensive scale to learn popular science knowledge.

翻译时可以省略 on an extensive scale。

(4) 名词减译。

例1：互相尊重的精神是我们今天文化合作的基础。

原译：The spirit of mutual respect is the basis of our cultural cooperation today.

改译：The frame work of mutual respect sustains our own cultural cooperation today.

例2：中国是个文明古国，幅员辽阔，面积达960多万平方公里。

原译：China is a country with ancient civilization.She has a vast territory and covers an area of 9.6 million square kilometers.

改译：Covering an area of 9.6 million square kilometers and more, China is a country with ancient civilization.

(5) 代词减译。英语代词的使用频率远远高于汉语。因此，英译汉时往往按照汉语习惯将原文中的一些代词省略。

第一，省略做主语的人称代词。按照汉语的表达习惯，在指代关系明确的前提下，若前后两句的主语保持一致，则无须重复提及。相比之下，英语句子往往需明确标明主语，因此人称代词作为主语时在英语中会频繁出现。在将此类英语句子译为汉语时，通常可以省略这些代词，以提高译文的流畅性和可读性。

第二，省略物主代词。在英语句子里，物主代词出现的频率较高，如果将每个物主代词都翻译出来，那么汉语译文就显得非常啰唆，所以在翻译的时候大多省略物主代词。

(6) 动词减译。在进行翻译时，原文中有些动词在译文中可以省略。

例1：中国始终是维护世界和平与地区稳定的坚定力量。

原译：China is always a staunch force to maintain world peace and regional stability.

改译：China is always a staunch force for world peace and regional stability.

例2：我们要努力搞活国有大中型企业。

原译：We should endeavor to invigorate the large and medium-sized state-owned enterprises.

改译：We should invigorate the large and medium-sized state-owned enterprises.

(7) 冠词减译。英语中存在冠词而汉语中并没有冠词，英语的冠词往往不表达具体的词义，所以英译汉时，常常省略英语的冠词。

例1：A parrot can talk like a man.

译文：鹦鹉会像人一样说话。

例2：His dinner hour is an inevitable 6∶30 p.m.

译文：他总是下午6点半吃晚饭。

（8）连词减译。汉语词语之间连词用得不多，其上下逻辑关系常常是暗含的，由词序来表示。英语则不然，连词用得比较多。因此，英译汉时，在很多情况下不必把连词译出来。

首先，省略并列连词。在并列连词中，比较常见的是省略and、or、but和for。

其次，省略主从连词。主从连词的省略包括省略表示原因的连词、省略表示条件的连词、省略表示时间的连词。

减译法是一种翻译技巧，指的是在译文中省略原文中某些词汇，因为它们在译文中已通过其他方式得以体现，或者因其包含的内容在译文中显而易见。换言之，这种方法涉及对那些非必要性的、可能造成累赘或与译文语言习惯不符的词汇进行删减，以此追求译文的简洁性，同时也符合汉语的表达习惯。

（五）英语翻译的转译法

翻译方法中的转译法也称转换法，是一种常用的翻译技巧，它指的是在翻译过程中，由于源语言和目标语言在语法、表达习惯和文化背景等方面存在差异，为了更准确地传达原文的意思和风格，需要对原文的某些部分进行灵活的处理和转换。转译法可以应用于词汇、短语、句子和篇章等不同层面。因此，转译法在英译汉的过程中既可以是词性的转译，又可以是语态或句型的转译。

另外，转译法在词性方面，可以把名词转换为代词、形容词、动词等；把动词转换成名词、形容词、副词、介词等；把形容词转换成副词和短语等。在句子成分方面，把主语变成状语、定语、宾语、表语等；把谓语变成主语、定语、表语等；把定语变成状语、主语等；把宾语变成主语或其他成分。在语态方面，可以把主动语态变为被动语态，也可以把被动语态转译为主动语态。

1. 英语词类的转译

例1：The lack of any special excretory system in plants is explained in a similar way.

原译：植物缺乏任何特殊的排泄系统，可以用同样的方式加以说明。

改译：植物没有专门的排泄系统，这一点我们可以用同样的方式来解释。

例2：The earth on which we live is shaped like a ball.

原译：我们居住的地球，形状像一个球。

改译：我们居住的地球呈球形。

从上述两例可以看出，由于英汉两种语言表达方式存在差异，在英译汉的过程中，有些句子虽然可以逐词对译，但需要根据具体情况适时改变原文的词性，以符合中文的表达习惯，使译文通达自然。

2. 英语句子成分的转译

在翻译过程中，除了常见的词性转换，根据实际需要，句子成分的转译也是一项重要的翻译方法。句子成分转换的译法旨在确保译文流畅自然，符合目标语言的表达习惯。具体而言，这种译法涉及将句子中的某一成分（如主语）转换为另一成分（如宾语等）。在多数情况下，词类转译与句子成分转译是相辅相成的。例如，当英语中的动词转译为汉语的名词或副词时，原句中的谓语成分往往需要相应地转译为汉语的主语、宾语或状语等，以确保译文的准确性和地道性。英语句子成分的转译主要包括以下几个方面。

（1）主语转译。主语的转译主要涉及以下方面。

第一，主语转译为谓语。

例1：The rise of technology has revolutionized the way we live.

译文：科技崛起，彻底改变了我们的生活方式。

例2：The arrival of spring brings new hope and vitality.

译文：春天到来，带来了新的希望和活力。

第二，主语转译为宾语。

例1：The new policy has attracted a lot of attention.

译文：很多人关注了新政策。

例2：The discovery of the new element was announced by the scientist.

译文：科学家宣布，他们发现了新元素。

第三，主语转译为状语。

例1：The cold weather made it difficult for us to go out.

译文：由于天气寒冷，我们很难外出。

例2：The heavy rain prevented us from holding the outdoor event.

译文：由于大雨，我们未能举办室外活动。

第四，主语转译为定语。

例1：The ancient book contains valuable information.

译文：这本具有价值的古书包含了丰富的信息。

例2：The human body has a very complex organization.

译文：人体的构造非常复杂。

（2）谓语转译。谓语的转译主要涉及以下方面。

第一，谓语转译为主语。

例1：The news shocked everyone.

译文：每个人都被这个消息震惊了。

例2：The decision disappointed many people.

译文：很多人的失望源于这个决定。

第二，谓语转译为定语。

例1：The man standing over there is my uncle.

译文：站在那边的那位男子是我的叔叔。

例2：The book written by him is very popular.

译文：他那本著作非常受欢迎。

第三，谓语转译为状语。

例1：The old man walked slowly down the street.

译文：那位老人步履蹒跚地走在街上。

例2：She spoke loudly to make sure everyone could hear her.

译文：为了确保每个人都能听到，她大声地说了出来。

(3) 宾语转译。宾语的转译主要涉及以下方面。

第一，宾语转译为主语。

例：The project was completed by the team within the scheduled time.

译文：团队在计划时间内完成了这个项目。

第二，宾语转译为谓语。

例：The government decided to allocate more funds to education.

译文：政府决定增加教育投入。

(4) 状语转译。状语的转译主要涉及以下方面。

第一，状语转译为主语。

例：In the face of great challenges, she showed remarkable courage.

译文：面对巨大挑战，她展现出了非凡的勇气。

第二，状语转译为定语。

例：The man standing next to the door is my uncle.

译文：门边站着的那个男人是我的叔叔。

第三，状语转译为补语。

例：She spoke loudly enough to be heard by everyone.

译文：她大声说话，以便每个人都能听到。

(5) 定语转译。定语的转译主要涉及以下方面。

第一，定语转译为谓语。

例：The man sitting next to me is a famous writer.

译文：坐在我旁边的那个人是位作家，很出名

第二，定语转译为宾语。

例：The book that you recommended to me is really interesting.

译文：你推荐给我的书真的很有趣。

第三，定语转译为状语。

例：The book written in ancient Chinese is difficult to understand.

译文：那本书是用古文写成的，很难理解。

总而言之，在英译汉时，经常需要转换句子成分，从而使译文的逻辑正确，语句通顺流畅，重点突出。句子成分转译的内容和形式都比较丰富，运用范围也相当广泛，由此成为翻译的重要方法与技巧。

3.英语语态的转译

语态是表明句子中谓语与主语之间关系的一种语法手段。相比于汉语，英语中被动语态使用范围大、频率高。根据两种语言的习惯，在英汉翻译时，英语被动句大部分情况下需要进行语态转译。

（1）转译为主动句。英语和汉语均具备被动语态，然而两者在运用被动语态时却展现出不同的倾向。对于同一意义，英语倾向于采用被动语态进行表达，而汉语则更倾向于使用主动语态。鉴于此，将英语的被动语态转译为汉语的主动句已成为翻译实践中常用的手段。这样的转译有助于确保译文的流畅性和自然性，使之更符合目标语言的表达习惯。一般而言，在被动转译为主动时，可以通过以下途径进行：原文中的主语在译文中仍做主语；原文中的主语在译文中做宾语；译为"是……"的主动句；含主语从句的被动句型译为主动句。

第一，原文中的主语在译文中仍做主语。

例1：Most of the questions have been settled satisfactorily, only a few questions of secondary importance remain to be discussed.

译文：大部分问题已经圆满地解决了，只剩下几个次要问题需要讨论。

例2：Here, hold the baby while I fix her blanket.It's all pulled out.

译文：来，抱着孩子，我把毯子弄好，全都拉散了。

第二，原文中的主语在译文中做宾语。

例1：The cat caught a mouse.

译文：猫抓住了一只老鼠。

例2：The sun rises in the east.

译文：太阳从东方升起

第三，译为"是……"的主动句。

例1：Rainbows are formed when sunlight passes through small drops of water in the sky.

译文：彩虹是阳光穿过空气中的小水滴时形成的。

例2：The result of the invention of the stream engine was that human power was replaced by mechanical power.

译文：蒸汽机发明的结果是机械力代替了人力。

第四，含主语从句的被动句型译为主动句。以 it 做形式主语的英语句子，翻译时常要转为主动形式，有时可加上"有人""大家""我们"等不确定主语。

例1：It is reported that the enemy has been breeding new strains of killer viruses.

译文：据报道，敌人正在培育新的杀人病毒。

例2：It is suggested that the meeting be put off till next Monday.

译文：有人建议会议推迟到下星期一举行。

（2）转译为无主句。在英语语态的翻译中，可以将英语被动语态转译为无主句或省略主语的中文句子，此外，也可以使用"处置式"句式，如"把""将""使"等。

例1：The mechanical energy can be changed back into electrical energy by a generator.

译文：利用发电机，可以将机械能再转变成电能。

例2：The students should be enabled to develop morally, intellectually and physically in an all-round way.

译文：必须使学生在德育、智育、体育方面得到全面发展。

例3：The unpleasant noise must be immediately put to an end.

译文：必须立即停止这种讨厌的噪声。

例4：Measures have been taken to prevent the epidemic from spreading quickly.

译文：已经采取了措施来防止这种流行病的迅速蔓延。

例5：Water can be shown as containing impurities.

译文：可以证明，水含有杂质。

（3）转译为因果关系的句子。by 后面如果是没有生命的事物，有时就不是一般意义上的施予者，而是表示一个原因，翻译时可以用"由于、因此"等词带出。

例1：Do not let yourself be discouraged or embittered by smallness of the success that you are likely to achieve in trying to make life better.

译文：不要因为你为改善生活所做的努力只取得小小的成功而气馁或伤心。

例2：Even the coastal trades were curtailed by a lack of vessels, by blockades and by war time freight rates.

译文：甚至沿海地区的贸易也由于缺少船只、海上封锁，以及战时的高昂运费而缩减。

（六）英语翻译的分译法

英语翻译中的分译法主要用于处理英语中的长句或复杂句，将原句中的某个词、短语或长句从原结构中分离出来，并译成目的语的独立成分、从句或并列分句，以求译文在正确表达原文思想内容的前提下更加明确。

1. 英语短语的分译

短语分译，是指把原文中的一个短语分译成一个句子。名词短语、分词短语、介词短语等有时都可以分译成句。

（1）名词短语的分译。

例：The ancient city, once a prosperous trade center, now stands in ruins.

译文：这座古城曾经是一个繁荣的贸易中心，如今却已成废墟。

（2）分词短语的分译。

例：The beautiful girl, wearing a red dress, waved at the crowd.

译文：那位穿着红裙子的漂亮女孩，向人群挥着手。

（3）介词短语的分译。

例：She sat on the bench, with a book in her hand.

译文：她坐在长凳上，手里拿着一本书。

2. 英语句子的分译

句子的分译可以分为简单句的分译、并列句的分译、主从复合句的分译和长句的分译。

（1）简单句的分译。简单句的分译主要是处理那些虽然结构简单但语义内容丰富的英语简单句。

例：The old man walked slowly down the street, carrying a heavy bag on his back.

译文：那位老人背着沉重的包，缓缓地走在大街上。

（2）并列句的分译。并列句的分译主要是指将原句中的并列部分从原句中分离出来，单独翻译成一个句子或子句。

例：The weather was cold, but the sun was shining.

译文：虽然天气很冷，但阳光依然灿烂。

（3）主从复合句的分译。主从复合句主要用于处理那些包含一个主句和一个或多个从句的复杂句子结构。

例：When I was a child, my mother always told me that honesty is the best policy.

译文：我小时候，母亲总是告诉我，诚实是上策。

（4）长句的分译。在英语中，存在一类单句，其长度和复杂度不亚于复句，因此，若不运用适当的翻译技巧，很难将其精准地译成汉语。这类长句通常包含多个短语和其他修饰语，使翻译过程尤为复杂。在将这类句子译成汉语时，宜采用"化整为零"的策略，即根据句子的结构和语义关系，将长句中的不同部分或成分分离出来，再通过意义或语法手段将其组织起来进行翻译。这样的处理可以使译文结构更加清晰，避免信息过于密集或结构混乱，使读者更易接受与理解。

例：In the modern world, with the rapid development of technology and the increasing complexity of social relations, it has become increasingly important for individuals to possess not only professional knowledge but also the ability to communicate effectively and solve problems creatively.

译文：在现代社会，随着科技的飞速发展和社会关系的日益复杂，个人不仅需要具备专业知识，还应具备有效的沟通能力和创造性地解决问题的能力，这一点变得越来越重要。

将"it has become increasingly important for individuals to possess not only professional knowledge but also the ability to communicate effectively and solve problems creatively"拆分为两个句子进行翻译。

（七）英语翻译的倒置法

所谓倒置法，即为了遵从目的语的表达习惯，翻译时有必要对原文的词序进行适当调整。这既包括词组或短语中的词序倒置，也包括句子中修饰成分的倒置，还包括句子结构的倒置。

1. 英语词组或短语的词序倒置

词序调整在词组或短语的英汉互译中是非常普遍的。例如：

tough-minded	意志坚强的
heart-warming	暖人心的
well-conducted	行为端正的
East China	华东
northeast	东北
southwest	西南
迟早	sooner or later
得失	loss and gain
三三两两	by twos and threes

来来回回　　　　　　　　to and fro, back and forth

例：We Study hard in the classroom every day.

译文：我们每天在教室努力学习。（状语词序倒置）

2. 英语句子修饰成分的倒置

句子中修饰成分的倒置主要涉及以下几个方面。

（1）定语从句的位置倒置。定语从句的位置倒置是一种常见的语言现象，主要是为了符合目标语言的表达习惯和语法规则。在汉语中，定语通常放在它所修饰的名词前面，而在英语中，定语从句则通常放在它所修饰的名词后面。因此，在英汉翻译过程中，我们有时需要将英语中的定语从句位置进行倒置，以适应汉语的表达习惯。倒置法通常用于英译汉，有时也用于汉译英。

例1：他就是那个告诉我这个消息的人。

译文：He is the man who told me the news.

例2：我永远忘不了我们第一次见面的那一天。

译文：I shall never forget the day when we first met.

（2）状语从句的位置倒置。表示方式或结果的英语状语从句，通常位于主句之后；其他表示时间、地点、原因、条件、让步或目的的状语从句可能置于主句之前，也可能置于主句之后；汉语中表示结果的状语也常位于主句之后，但表示时间、地点、原因、条件、让步或目的的状语却常置于主句之前。

例1：Stormy applause broke forth the moment she appeared on the stage.

译文：她一出现在台上，就爆发出暴雨般的掌声。

例2：The machine will start as soon as you press the button.

译文：你一按电钮，机器就会开动。

例3：I'm proud that our country is forging ahead at such a speed.

译文：我国如此突飞猛进，我感到很骄傲。

例4：We shall discuss the problem fully before we make the decision.

译文：我们在做出决定之前，必须充分讨论该问题。

例5：He reads aloud in front of the teaching building every morning.

译文：她每天早晨在教学楼前大声朗读。

3. 英语句子中结构的倒置

从句子结构而言，英语有前轻后重的特征，倾向于先推断或做结论，再叙述或描写。这种谓语部分比主语部分要长或复杂的情况，语法学家称为"尾重型"结构。汉语结构的安排却相反。从逻辑结构上讲，两种语言在句型结构的安排上也存在差异。

因而，在英汉互译时，常常需要进行句子结构的倒置以使译文更符合目的语的表达习惯。如译者有时需要将英语中表示"结果—原因"的句子结构颠倒成汉语的表示"原因—结果"的表达结构，将英语的"结论—分析"转化为"分析—结论"的表达结构，以及将英语的"假设—前提"转化为汉语的"前提—假设"结构等。这些英汉之间句子结构的转化，其实是倒置翻译法中的一种情况。

总而言之，倒置法是一种与语法、修辞、逻辑、用法、思维方式密切相关的翻译技巧。英汉句子结构和语序上的一些普遍差异，要求译者在翻译的时候有必要重新安排结构。

(八) 英语翻译的重组法

一般而言，英语长句译成汉语常用原序译法、换序译法和拆分译法，但在翻译实践中，往往不是简单地使用一种翻译方法。如果两种语言的表达方式不一致，运用顺译法便会显得牵强、别扭，这时则宜采用重组法。重组法一般用于英译汉，偶尔也用于汉译英。重组法是一种处理手段，其目的在于翻译出流畅且契合原文叙事风格的译文。在彻底理解原文长句的结构和意义的前提下，重组法允许译者摒弃原文的语序和句子结构，对句子进行全新的排列组合。这种重组过程通常以各成分之间的时间顺序或逻辑关系为指导原则，以达到既忠实原文内容又符合目标语言表达习惯的翻译效果。具体而言，就是分析原文结构，解读原文意思，然后根据目标语的思维方式和表达习惯重新组织和安排信息，译出原语真正要体现的内容和情感。

二、英语翻译教学的特征

第一，帮助学生掌握翻译理论与技巧。翻译的理论基础和技巧包括对翻译的不同理论观点的介绍，如对等翻译、意译、音译等不同的翻译策略。学生需要了解不同翻译方法的适用场景，以及它们的优缺点。除此之外，英语翻译教学还涉及如何处理语言和文化之间的差异。这包括了解不同语言背后的文化内涵，以及如何在翻译过程中妥善处理这些差异，以确保译文符合原文意思并且贴近目标语言读者的文化背景。通过系统的学习和实践，学生能够逐渐掌握各种翻译理论和技巧，并且在实际翻译中灵活运用，从而提高翻译质量和效率。

第二，注重学生专业知识的学习。针对特定领域的翻译，如法律、医学、科技等，英语翻译教学需着重引导学生深入学习相关领域的专业知识。这包括对该领域的术语、概念、惯用语等要进行深入了解，以便能够更准确、更流畅地理解和翻译相关内容。通过专业知识的学习，学生能够更好地把握原文的含义和背景，从而在翻译过程中更加得心应手。此外，对专业知识的掌握也有助于学生在特定领域的翻译中更加自信和专业，为他们未来从事相关行业奠定了十分坚实的基础。

第三，进行翻译实践与案例分析。通过丰富多样的实践活动和案例分析，学生能够更深入地理解和应用所学知识，包括让学生在模拟真实情境下进行翻译，提高其实际操作能力；布置不同难度和类型的翻译任务，激发学生的学习兴趣和动力；对真实翻译案例的分析讨论，通过分析优秀翻译作品或翻译中的常见问题，引导学生思考翻译过程中的策略和技巧。通过这些实践活动和案例分析，学生能够在实践中不断提高翻译技能，发现和解决问题，培养批判性思维和创造性思维。同时，也能够增强学生的自信心，使他们在面对现实翻译任务时能够应对自如，取得更好的翻译效果。

第四，注重学生语言能力培养。英语翻译教学不仅是简单的翻译技巧传授，更要注重学生英语听力、口语、阅读和写作能力的全面提高。学生需要通过系统的训练，建立起扎实的英语基础。只有掌握了丰富的词汇量、语法知识和语感，才能在翻译过程中准确表达原文意思。因此，英语翻译教学应该注重平衡各项语言技能的发展，让学生在听、说、读、写方面都能够得到充分的锻炼和提高。

第五，注重学生跨文化交际能力培养。培养学生的跨文化交际能力包括让学生了解不同文化背景下的语言使用习惯、社会习俗和文化含义。在英语翻译过程中，文化因素常常会影响译文的准确性和通顺性。因此，学生需要具备敏锐的跨文化意识，以避免在翻译中出现误解、歧义。翻译教学可以通过案例分析、讨论及实地体验等方式，引导学生深入了解不同文化间的差异，并训练他们运用这些知识进行翻译。通过培养跨文化交际能力，学生不仅能准确地理解原文的文化内涵，还能更恰当地传达目标文化的信息，使译文更贴近目标语言读者的文化背景。这种能力的培养不仅有助于提高翻译的质量，也使学生在跨文化交流中变得更加自信。

第二节　多元文化视角下的英语翻译实践

一、文化对比视角下的英语翻译实践

（一）数字文化对比视角下的英语翻译

英汉数字所承载的文化内涵体现出很大的差异，因此在翻译时，译者除了要了解数字的基本含义，还应准确地把握其文化含义，采取恰当的翻译方法。概括而言，数字文化翻译主要可以采取直译法、改写法以及解释性译法。

1. 数字文化翻译的直译法

在数字文化翻译中，直译法是最简单、最省力的方法。直译法即保留原文中的数字直接进行翻译的方法。例如，a drop in a ocean（沧海一粟）、reach the sky in one step（一步登天）。

2. 数字文化翻译的改写法

无论是在英语还是汉语中，都有一些数字具有特定的文化背景或特定的语言表达习惯，在翻译这类数字时，可以采取改写法，使读者更好地理解原文所表达的意义。在翻译英汉数字时，改写法主要有更换数字、减少数字、增添数字三种情形，具体如下。

（1）更换数字。由于存在文化差异，英汉两种语言中的数字表达并不完全对应，这时可以根据具体情况转换原文的数字来进行翻译。例如：

think twice 三思而后行

in threes and fours 三五成群

（2）减少数字。有时在对英汉数字进行翻译时，可以采取省略法，即原文中的一些数字省略不翻译，以符合目的语的语言表达习惯。

（3）增添数字。在翻译过程中，有时可以在译文中增加一些数字，从而使译文表达更为生动、形象。

3. 数字文化翻译的解释性译法

解释性译法多用于翻译英汉数字习语。具体而言，在翻译英汉数字习语时，应先将字面意思翻译出来，然后添加注释予以说明，从而使原文的比喻形象得以保留，同时忠实地再现原文的含义。数字不仅用于计数，还蕴含着丰富的文化信息，形成了特有的数字文化现象。在英汉数字文化翻译时，译者对英汉语言与文化的了解与把握是准确表达数字文化含义的前提。

（二）色彩文化对比视角下的英语翻译

"颜色词汇指的是固定的、对事物进行客观描述的颜色符号。由于中西文化背景不同，英汉颜色词汇的文化内涵也不尽相同。"[1] 在翻译英汉颜色词汇的过程中，译者可以采用以下方法。

1. 色彩文化翻译的直译法

在翻译英汉颜色词汇时，当颜色词表示基本的直观含义时，一般可以采取直译法进行处理。例如：

---

[1] 李雯，吴丹，付瑶. 跨文化视域中的英汉翻译研究 [M]. 长沙：湖南师范大学出版社，2018：136.

green tea 绿茶

grey uniform 灰制服

white flag 白旗

yellow brass 黄铜

red rose 红玫瑰

yellow fever 黄热病

black list 黑名单

green consumerism 绿色消费

double-yellow-line 双黄线

Red Cross 红十字会

blood red 血红

as red as a rose 红如玫瑰

2. 色彩文化翻译的转译法

英汉两种语言中有一些颜色词，其感知的色彩印象有所不同。源语与目的语都有其自身的表达方式，具有明显的文化差异。在翻译这类颜色词时，应首先了解其基本含义，在此基础上，结合双方文化内涵，采用转译法进行翻译处理，也就是根据译入语的表达习惯改换颜色词进行翻译。例如：

black tea 红茶

由于茶叶是黑色的，因此西方人称为 black tea；但是茶叶泡出的颜色为红色，应采取转译法，将 black tea 译为"红茶"。

类似的例子还有很多。例如：

brown sugar 红糖

brown bread 黑面包

red sky 彩霞

black bamboo 紫竹

turn purple with rage 气得脸色发青

one's face turns green 脸色变白

3. 色彩文化翻译的省略法

在一些固定的搭配词组中，很多表示颜色的词汇不再含有色彩的意义，对这类颜色词进行翻译时可以采用省略法，即将原文的颜色词省略不译。例如：

green as grass（as）初出茅庐的、容易受骗的

go between 红娘

all round victory/success in every field 满堂红

4. 色彩文化翻译的增词法

在翻译过程中，如果源语中所表达的隐喻意义或象征意义难以在目标语中找到相对应的表达，译者可以采用增词法使作者的思想准确地传达出来。例如：

make a good start 开门红

good luck 红运

white coffee 加奶咖啡

red-letter day 重要的日子

red tape 繁文缛节

5. 色彩文化翻译的解释性译法

在翻译一些具有文化内涵的颜色词时，可以采取解释性译法，从而使读者更好地理解其文化背景。例如：

black Tuesday 黑色星期二

红包 a red paper envelope containing money a gift, tip, or bonus

综上所述，在翻译英汉颜色词汇时，译者不仅要考虑文化共性的相应性，更要注意文化个性的冲突。在对颜色词进行准确理解的前提下，考虑其文化内涵，并关注源语颜色词的基本意义与文化引申义，选择恰当的翻译方法，提高翻译质量。

二、文化功能视角下的英语翻译实践

（一）文化功能视角下的商务英语翻译

1. 商务英语翻译的基本原则

（1）准确性原则。在商务英语翻译过程中，准确性原则是译者必须恪守的核心准则。其核心在于精确无误地传达原文的内容、思想等信息。换言之，译者应运用恰当的译入语表达方式，确保原文的精髓在译文中得到完整、精确的再现。这一原则对确保商务翻译的质量至关重要，将有助于避免信息失真或误解，从而促进商务交流的有效进行。

（2）忠实性原则。忠实性原则在商务英语翻译中占据十分重要的地位，它也是译者在翻译商务英语过程中必须遵守的原则。忠实性原则主要强调的是译者翻译的译文与原作者的原文信息对等。这也是由商务英语的性质所决定的。同时，译者在翻译商务英语时，必须以忠实性原则为导向，确保译文与原文的信息对等，同时译者不能篡改、歪曲、遗漏原文所表达的思想。另外，需要强调的是，忠实性原则强调的不是原文语言表达形式的忠实，而是原文内容或原文风格的忠实。

（3）通顺性原则。无论是商务英语翻译还是其他形式的语言翻译，都必须遵循通顺性原则。通顺性原则主要指的是译者在翻译商务英语时必须使译文的词汇、句子通俗、顺畅，同时符合商务活动的规范和要求。另外，译者在保证译文通顺的基础上，还必须保证用词的准确性，避免用词的生硬化和艰涩化。例如，"I work at the Bank of China"如果译成"我工作在中国银行"，就不符合汉语表达习惯。

2. 商务英语翻译的具体实践

（1）商品说明书的翻译。在人们日常生活中商品说明书比较常见，它是商务活动中非常重要的一部分，具有较强的专业性，语言简洁严谨。在翻译商品说明书时，译者除了要掌握基本的翻译准则与翻译技巧，还要了解商品说明书的语用特点，从而使翻译之后的商品说明书继续发挥其传递信息、指导人们使用商品的重要作用。

第一，商品说明书的内容与特点。

一是商品说明书的内容。所谓商品说明书，指的是对商品的用途、构造以及如何使用等所做的文字说明，顾客在购买商品之后，就可以通过阅读商品说明书来明确商品的使用方法。商品说明书一般放在商品的旁边，主要以小册子的形式呈现，其目的在于展示、指导消费者使用商品，并指出了商品的养护方法等，以免因为错误操作对商品造成不利影响。在英语中，商品说明书主要有三种翻译形式，即Instruction、Direction、Description。商品说明书的内容要具有一定的科学性，并且在阐述如何使用的时候应具有条理性，所用的语言应通俗易懂，并且要根据需要对下面所论述的方面进行有针对性的详细说明。

二是商品说明书的语言特点。

首先，商品英语说明书的词汇特点。①运用缩略词。缩略词的出现就是为了方便人们的使用与记忆，在科技领域缩略词的使用更加普遍，因此，商品英语说明书中也包含大量的缩略词，译者需要对这些缩略词有所了解，并熟练运用。②使用专业词。商品说明书本身就具有较强的专业性，因此，商品英语说明书中含有大量的专业词语，而这些专业词语有一部分是从普通词语转化而来的，译者在进行翻译时就需要加以辨别。③运用合成词。在商品英语说明书中还经常出现许多合成词，大多数是由已有的单词拼接而成的。

其次，商品英语说明书的句法特点。①多用一般现在时态。一般现在时态是商品英语说明书常用的时态，因为说明书主要阐述了商品的品质与功效，这些品质与功效并不是个别的、短暂的，而是普遍的、有较长期限的。例如，Moisturizing Color Gloss protects and softens chapped lips. 这里用了一般现在时，从而突出滋润是该商品的主要功能，也是持续的功能，其他时态可能无法达到这种说明效果。②多用条件句。人们在使用商品的过程中必然会遇到各种各样的问题，为了对这些问题与应对方法进行说明，商品说明书就需要使用大量的条件句来假定这些情况，然后指出应对的方案。③多用被动语态。商品说明书是用来描述产品的,所以要立足事实,以事实为依据,所强调的是产品的本质特征,应使用被动语态。被动语态的表达更加简洁,更符合商品说明书的要求。

最后,商品英语说明书的语篇特点。由于商品说明书的目的是让读者快速地掌握商品的功能与用途,因此,它的语篇较简短,语句结构较简单,使读者能够一目了然。具体而言,商品英语说明书的语篇特点有以下几点:①专业性强。专业性是商品说明书的突出特点,但同时商品说明书也要注重其应用性,综合考虑,它应该使用一些稳定性较强的词汇。商品说明书描述的产品对象涉及各行各业,甚至会有一些特定的"行话"。②信息准确。消费者要想了解或者选择一个商品,就必须阅读其说明书,因此商品说明书需要提供该商品非常详细、准确的信息,为消费者提供参考,同时也要激发消费者的购买兴趣。③语言客观。商品说明书必须全面、客观地介绍该产品,要做到实事求是、表达严谨,因此商品说明书的语言也要做到客观严谨,从而真实地呈现商品。④通俗易懂。商品说明书面向的是广大的消费者,而这些消费者的文化水平必然存在差异,考虑到这一点,商品说明书的语言要尽量通俗易懂,不能过于晦涩,要满足大多数人的阅读需求。

第二,商品说明书翻译的原则。

一是准确原则与简洁原则。在翻译商品说明书时,译者应确保所使用的语言精确、审慎,强调逻辑性,并追求句子的简洁性。鉴于某些产品结构可能相对复杂,说明书撰写者在创作时必须确保信息的准确性。同时,鉴于消费者通常为非专业人士,对产品细节认识有限,因此产品说明书应避免使用过于复杂的句子结构,而应使用更为朴实、易于理解的语言。这样做不仅有助于提高消费者的阅读体验,还能有效降低产生误解的风险,以确保信息传达的清晰度和精确度。

二是等效原则。由于说明书属于科技应用文的范畴,在翻译的过程中应特别注意它的语用功能。当前,许多商品的英文说明书都存在一些错误,其中语用失误现象非常明显。说明书应该是对外交流的一种重要手段,如果出现错误,势必会影响海外客户对商品的了解,并且会有损厂家的形象,会让顾客对商品的质量产生怀疑,这显然是有百害而无一利的。

此外,由于中西方文化之间存在思维模式的差异,所以在翻译商品说明书时应该注意句法的选择以及内容的描述方式。如果译者注意到了这种文化差异,就会运用各种翻译方法传达原文的意思,并且能够很好地迎合受众的阅读口味。

第三,商品说明书的词汇翻译。从本质上来看,翻译就是一个理解与表达的过程,对于商品说明书的翻译而言,就更应该将产品的特点与用法等完美地表达出来。译者在翻译商品说明书的时候,应该将英语词汇的"含义""信息传达"等放在首要位置，从而将原文的意思精准地转换和表达出来，不能让读者读起来感觉模棱两可。另外，在翻译说明书时应该注意用词的专业性，同时，还应该注意用语的精练程度，让读者花最少的时间获取最多的产品信息。

第四，商品说明书的句法翻译。

一是祈使句翻译。在表达命令和请求时，就可以使用祈使句，在英文的商品说明书中也有一些祈使句用来表达对某种事物的建议，并且具有强调作用，所以，祈使句在英语中是比较常见的，往往用来表示"指示""叮嘱""告诫"等。就表达方式而言，商品说明书的结构与语句等都是非常简洁的，并且限制于篇幅，说明书中常见一些简单句、祈使句以及片段等，译者在翻译时也应该突出翻译的这些特点。除此之外，在翻译商品说明书时往往要对商品使用的条件做出限定，所以在翻译的时候译者可以适当使用状语从句对条件予以限定。

二是被动语态翻译。被动语态的表达相对比较简洁，还能体现一定的客观性。商品说明书主要用于解释说明商品的功能效用，同样非常注重客观性和准确性。如果过度使用第一人称或第二人称进行表述就会给人一种过度主观的感觉，缺乏客观性。因此，商品说明书的翻译应该尽可能地使用第三人称表述，在翻译时使用被动语态。

三是非谓语动词结构的翻译。针对商品说明书的翻译必须遵循三个基本原则，即清楚、简洁、准确，只有做到这几点，商品说明书才能体现其真正作用，让人们明白商品的功能与使用方法。具体而言，非谓语动词结构翻译可以分为两种形式：①分词短语做定语。分词短语作为定语的应用遵循一个基本原则，即"单个分词前置，分词短语后置"。具体而言，当单个分词承担定语角色时，它应当位于其所修饰名词之前；相反，分词短语作为定语时，则应置于所修饰名词之后。值得指出的是，无论分词短语在句中的位置如何，都不需要用逗号将句子其他部分隔开。通常，译者会采用"的"字结构，将分词短语转化为前置定语，以修饰前面的名词。这一翻译技巧有助于保持句子的流畅性和逻辑清晰性。②动词不定式。动词不定式除了不能做谓语外，还可以充当其他任何句子成分。鉴于这种特性，动词不定式在商品说明书中出现的频率非常高，人们经常借助它来代替一些从句的表达。

（2）商务合同的翻译。由于英语是一种公认的世界性语言，所以商务文本一般都会用英语撰写，对语言表述的要求非常高，在措辞、文本结构、格式等方面必须做到严谨规范。因此，翻译商务合同必须考虑合同语言的特性，在此基础上进行精准、严谨的翻译。

第一，商务合同翻译的标准。商务合同中的各项条款都对合同签订者的经济利益有着直接的影响，并且一些涉外商务合同还需要考虑不同国家在法律规定上的差异。这为商务合同翻译增加了许多难度。此外，商务合同的文体结构及用词规范非常严谨，这就要求在翻译之后译文也要做到严谨准确，避免歧义。因此，商务合同翻译必须依照一定的标准进行。

一是准确严谨。商务合同具有较强的专业性，同时也具有一定的兼容性，为了满足人们对商务合同的严格要求，避免出现歧义与误解，商务合同的翻译首先要做到准确严谨。合同文本与其他文本相比具有一定的特殊性，它是对合同双方真实需求的文字记录，因此，合同文本的翻译对于文采韵味的要求几乎没有，它最注重的是准确严谨地将合同签订者的要求和意思表达出来。

用词准确是翻译商务合同的第一要义。商务合同中的词语翻译必须做到精准对应，还要体现出一定的专业性，例如，通常译者在翻译"accept"时，会将其译为"接受"，但是在商务合同中，就必须使用更加专业的词语——"承兑"，同时，"acceptor"应该译为"承兑人"。又如，一般情况下，"shipping advice"与"shipping instruction"的意思基本相近，不用做详细区分，但是在商务合同中就必须对二者进行明确区分："shipping advice"表示"装运通知"，即交易双方中的卖方向买方发出的通知；而"shipping instruction"则表示"装运指示"，即交易双方中买方向卖方发出的指示。同样的例子还有"shipment dale"与"delivery dale"，这两个单词都可以译为"装货日期"，但是在商务合同中它们还是有细微的差别，"shipment dale"指货物启运的日期，而"delivery dale"指到货的日期。由此可见，在翻译商务合同时必须仔细辨别词语的含义，以免出现对合约的误解和纠纷。

二是规范通顺。合同作为具备法律效力的正式文件，其严肃性特征不言而喻，因此在翻译过程中必须确保规范与通顺。所谓规范，即翻译时应严格遵循法律语言的标准，体现契约文本的专业性与权威性；而通顺则要求译文需符合汉语的语法规则与表达习惯，确保读者能够清晰、准确地理解合同内容。通过规范与通顺的翻译，方能确保合同译文在传达原意的同时，也符合法律文件的严谨性要求。另外，在进行商务合同翻译时，译者一定要遵循两大原则：一个是"准确严谨"，另一个是"规范通顺"。严谨是商务合同翻译的第一要义，如果翻译得不严谨就有可能导致签订双方最后对簿公堂；规范通顺是合同签订双方清楚表达自己意见的前提，如果译文过于晦涩，就会让签订双方无法理解合同的具体内容，也就失去了翻译的现实价值。

第二，商务英语合同的词汇翻译。

一是商务英语合同的词汇特点。

首先，专业术语单义性。目前，国际贸易已经涉足诸多行业，这使商务英语合同中除了会经常使用到各种专业的法律英语，对于其他学科领域专业术语的使用也同样比较频繁，如 ocean bills of lading（海运提单）、freight to collect（运费到付）等就为常用基本贸易术语，而 expiration of contract（合同期满）则为拟定合同时的常用合同术语。虽然这些专业术语或词汇在日常交流中大多并不常用，但为了保证合同内容的明确、清晰，仍需要进行权威的科学认证，只有确定这些表述无论怎样都不会出现歧义，才能放心地应用在合同中，用来进行商务合同的表述。实际上专业术语之所以大多具有单义性，正是因为上述要求所致。

其次，普通词汇半专业性。由于贸易活动早已遍布各行各业，在贸易合同中需要约定的内容自然非常广泛，因此，要求合同中所有的内容都通过专业术语来表示是不可能实现的，这就需要用到一些普通词汇，这些普通词汇的专业性必然比不上专业术语，但是其具有多义性，它们在合同中的应用使自身逐渐成为半专业性词汇，并延伸出一些新的含义。

再次，外来词使用较多。与汉语一样，英语在一千余年的发展历程中，同样对很多外来语进行了吸收融合，这些外来语虽然并不属于日常用语，有些甚至对其是否为英文词汇而仍存有争议，但在商务英语合同的拟订上，却常常会对这类词汇进行延伸性的引用，最终使其演变为商务英语的一部分。例如，force majeure 在商务英语合同中通常表示不可抗力或无法预见并通过人力避免，该词语源自法语；as per 在商务英语合同中表示"根据"，其来自希腊语。此外，如源于拉丁语的 ad valorem duty（从价关税折扣）、来自法语的 claim（合法权利）等，也都在商务英语合同的拟订中较为频繁地被使用着。

最后，古体语相对常见。英语的发展过程主要可分为古代英语、中世纪英语及现代英语三个阶段，受文艺复兴等诸多因素的影响，不同时期的英语在词汇方面的变化都比较大，不仅引入或创造了很多的新词汇，同时也有不少旧词汇由于种种原因被淘汰或少有人使用，而古体语正是其中之一。古体语是指文体色彩较为鲜明的词汇语言，一般很少用于日常交流，而在商务英语合同中较常运用，古体语可以体现出庄重、严肃的合同语言特点。如 hereafter（今后）、therein（在其中）等。虽然古体语与现代英语规范有一定出入，但用在严谨、庄重的商务英语合同中却比较合适。

二是商务英语合同翻译的技巧。

首先，明确合同内容和目的。在商务英语合同的翻译过程中，核心目标是在不同语言之间实现准确的语言转换，以确保原文与译文之间的一致性。这种一致性对于确保合同各方无论使用何种语言都能够清楚地理解和把握合同条款的意义与具体要求是至关重要的。如此一来，可以有效地预防因合同理解不一致而可能引发的后续纠纷。基于这一原则，在进行商务英语合同翻译时，译者最好从功能翻译理论的视角出发，对在具体翻译过程中出现的问题进行分析，一旦合同中出现词汇、词组、语句存在两种或多种不同的意思，应立即向合同拟定者进行询问，将该处合同内容的实际含义与目的明确下来，并告知合同双方的负责人，再根据这一目的进行后续翻译，同时通过使用单义性词汇、调整或拆分句式等方式来得出译文，以免合同译文与合同原文在含义上出现差异。此外，由于合同中的各项条款都与签订者的利益存在紧密联系，因此合同的翻译者具有特殊的职责，合同的翻译工作必然会对当事人的利益造成间接影响，因此翻译过程中对功能翻译理论、忠诚翻译原则的坚持也是对翻译人员自身职业道德素养的考验。

其次，保证合同译文连贯性。由于商务英语合同文本具有法律效力，因此其词语、句法的使用都必须做到严谨规范，这就不得不重叠使用一些比较重要的词汇来完成表述。英语中的词汇重叠与汉语中的叠词大致相近，一般而言其含义不会过分变化。但是在翻译合同过程中遇到这些重叠使用的词语，就很有可能使译文烦琐冗长，合同双方理解起来也会比较困难。针对这一问题，翻译人员在对商务英语合同进行翻译时，还需坚持连贯性原则，对合同内容进行深入、明确的理解，在确定重复使用词汇并无其他特殊含义的情况下，按照汉语的词语使用习惯来进行翻译，即通过一个词语来表示多个重复使用词汇的相同含义，从而保证译文句子的连贯性。

再次，准确把握句法特征。鉴于商务英语合同的特殊性，在拟定合同时还需要对不同的句式应用范围进行限制规定，例如，陈述句一般用于表述合同双方的应得利益或支出，如付款金额、付款时间要求等；而被动句则主要用于对合同双方责任、权利、义务的明确，如货物包装要求、运输方式要求等。因此，在翻译不同类型的句子时，译者要先了解句子类型相对应的特征与应用范围，然后选用恰当的汉语句型进行对应翻译。例如，在翻译结构复杂的长句时，由于这类句型在商务英语合同中通常用于说明一些容易产生歧义的权利、义务规定，而在汉语中则基本不会出现这类问题，因此翻译时需要将原文的长句拆分为多个含义明确、结构简单的短句，以便于合同双方能够理解。

最后，熟悉各类缩略词及其翻译标准。在商务英语合同中，经常会使用一些由简单字母、符号组成的缩略词来表达复杂含义，如 FOB 为英文 Free on Board 的首字母缩写，意为离岸价格，而 A/R 则表示 all risks，意为全险。对于翻译人员而言，必须通过日常积累来熟悉这些缩略词的含义及其翻译标准，才能够保证翻译效率及译文的准确性。

第三，商务英语合同的句法翻译。

一是商务英语合同的句法特点。在拟订商务英语合同时，除了明确双方的权利，还应详细阐述双方的义务。因此，在选择句型时，通常倾向于使用陈述句、复合句或并列的扩展式长句。这些句型因具有一定的局限性和强烈的客观性，以及在结构上倾向于使用被动语态和名词性结构，并且频繁采用现在时态和直接表达式，从而成为表达合同条款的合适选择。

例 1: At USD 20 per carton net FOB Dalian.

译文：每箱净价 20 美元，成交条件大连港离岸价。

商务英语合同中需要表述不同的句子关系，这时就可以采用名词化结构，这种情况一般有三种。第一，of 在名词化结构中的作用非常突出，一方面它可以连接主谓关系或者动宾关系；另一方面它可以连接含有 by 的短语，这样就能把复杂的从句变成名词短语。第二，可以把被动语态转换成名词。第三，可以将副词与动词看作一个整体，然后将其转换成名词性词组。

例 2: Delivery on time with the stipulations of the contract is of vital importance.

译文：按照合同规定按时装运是十分重要的。

两个例子体现了名词化结构可以表示不同的句子关系，商务活动总是会存在不少变数，因此在拟定商务英语合同时，不仅要考虑双方应该享有的权利及应尽的义务，更重要的是，要将商务活动过程中容易出现的情况一一说明，这就使得条款中会使用大量的条件句，该句型可以将各种情况详细描述出来，从而有效地保证了双方的经济利益。常见的表达方式有 if, without, unless, should, provide that, on condition that, in case of, in the event of 等。

商务英语合同中最典型的句法特征是语言客观，它将许多短句并列起来，使其共同组成一个复合句，这个复合句能将复杂的内容表达出来，所以这保证了商务合同的全面性，也让合同签订双方的利益得到了保障。

二是商务英语合同句法翻译的技巧。

首先，长句翻译。涉外合同中经常使用长句。在涉外合同中，会出现大量的长句，这是因为涉外合同需要严谨，而长句叙述的内容比较完整，能将双方的权利与义务关系明确下来。另外，多使用长句也能减少合同内容的烦琐程度，但是如果长句没有组织好，表意不明确，就会导致误解。这个句子不仅用了一个时间状语从句，本身主句也是错综复杂，所以在翻译中，我们一定要分析清楚彼此结构，理顺脉络。

其次，被动句翻译。合同常用被动语态，翻译须为主动结构。合同中的被动句，能够准确标明合同一方的权利义务，如果在合同中大量使用被动句，合同的专业性也随即会被体现出来，这对于合同的最终达成也非常重要。但是对于涉外合同中被动句的翻译，却需要巧妙地将被动语态转换成主动语态。

例如，The case in dispute shall then be submitted for arbitration to the Committee. 翻译的时候，需要将句子中的被动语态 be submitted 转换成中文的主动语态。如果我们按照英文结构直接翻译，显然不是地道的中文。所以，我们在翻译的时候，应采取主动结构，以符合汉语的表达习惯。故此，我们把这句话翻译成"将争议提交给委员会进行仲裁"。

又如，In case no settlement can be reached. 如果我们把它译为"如解决协议无法被达成"，显然不是地道的中文，因此一定要翻译成主动句"如协商不能解决（分歧）"，这样理解起来就方便多了。

再次，否定句翻译。①否定提前。在合同中会存在不少的否定句用来规范双方的行为，通常情况下，英语处理否定句的方式虽有两种，但都是通过调整语序的方式实现的：第一种方式，可以将否定词放在情态动词或者助动词之后，这样就构成了陈述语序，否定的目的也就达到了；第二种方式，可以将否定词直接放在句首，调换情态动词或助动词与主语的位置，经过这样的调整，就形成了新的语序，这就是倒装语序，同时，否定的目的也就达到了。而在合同中，关于否定的处理，我们一般都会使用第二种方式。②移项否定。谓语的位置发生变化，将其转移到主语或者宾语的位置上，称为移项否定，这样做的主要目的就是加强语气。

例如，"倘若合同签订的双方都没有延长合同的意愿或者有一方并不同意延长，那么，到了合同结束之日，合同就立即失效"。

译文：If neither party requests an extension, or if one of the parties says no to the extension, this contract will no longer be in force upon the expiration of the stipulated period.

最后，抽象名词翻译。在商务合同文本中，抽象名词作为主语的现象较为常见，这种表达方式有助于文书的简洁性和逻辑性的提升。然而，在汉语表达习惯中，此类用法并不普遍。因而在涉外合同的汉译过程中，翻译者需要进行适当的语言转换，以保证翻译文本在汉语语境中的自然流畅和意义的完整性。这种转换可能涉及将英语中的某个成分变更为汉语中的相应成分，从而确保翻译后的文本既符合汉语的表达习惯，又能够准确传达原文的法律和精神内涵。

例1: Partial shipments shall be allowed upon presentation of the clean set of shipping documents.

译文：分批发货是可以的，但有一个前提条件：需要准备一套清楚的装运单据。

在这里，shipment 与 partial 都实现了词性的转换，shipment 在译文中已经被转换成动词，而 partial 则被转换成了状语。

例2: The products fair will be held at Shanghai Expo, China with the Buyer's representatives.

译文：买方代表将参加在中国上海博览会举行的产品博览会。

(3) 商务广告的翻译。

第一，商务英语广告的特点。"广告"一词最先来自拉丁语"advertere"，到了中古英语时代，其就演变为"advertise"，所表示的意思为让某人可以注意到某件事。

之后这一词语开始被用在了商业推广活动中。广告的分类比较复杂，一般而言，依据不同的标准可以有不同的分类。按照广告媒体的标准来看，广告不仅包括报纸广告、广播电视广告，而且包括户外广告、电影广告等；按广告诉求类型可分为情感广告和理性广告。从不同的角度出发，广告的分类也就不一样，这让广告分类看起来非常复杂，但是无论从哪一个角度出发，广告都是进行产品宣传的一种形式。

广告语言在叙述产品功能时往往非常生动，大众在听到广告时对产品容易产生联想，进而产生购买欲望，这是广告最直接的作用。语言在广告中发挥着非常重要的作用，它不仅影响着广告作品的成功与否，还会影响广告的传播效果。我们评判广告的成功与否就是要看其是否会对人们产生较强的感染力。此外，广告不仅是一种传递产品信息的传播媒介，更重要的是，它已经开始涉足艺术审美与社会文化领域。广告越来越成为一种视觉审美艺术，给人带来视觉上的享受。

第二，商务广告翻译的原则。

一是目的性原则。从目的论的层面来看，一切翻译活动都必须遵循目的法则，换言之，翻译的行为是以翻译目的为导向的。商业广告是一种不折不扣的商业行为，它最终的目的就是要吸引绝对多的消费者，所以广告设计者在进行广告设计时，其往往以消费者为中心，而这样就保证了广告能够满足消费者的需求，并促使其主动消费。值得一提的是，这不仅是商业广告的目的，同样也是商务广告翻译的目的，且这个目的具有唯一性。所以，所有的商务广告翻译活动在开展之前都要有一定的目的。译者要充分考虑消费者身处的复杂环境，保证商务广告翻译的准确性。

二是合法性原则。商业广告在用于商业宣传时是需要符合相关法律法规的，许多国家因此建立了完善的商标法，可见，在对商标进行翻译时，译者需要进行全面考虑。例如，中国许多品牌的名字都是借鉴地名的，但是英国商标法则明确指出商标中是不能含有地名的，这就要求译者在翻译商标时要格外注意不同国家的法律规定。

三是文化适应原则。原文读者与译文读者由于生长的地理、文化环境不同，其往往会产生不同的思维习惯与表达特点，因此在对同一条广告的认知上可能会产生不同的感受，这就要求广告译者需要了解两国的民族心理、文化风俗习惯等内容，只有这样，译者的翻译才能被译文读者理解。广告是一种十分重要的宣传手段，从其自身层面上而言，它本身就是一种文化，因此译者在翻译广告时必须熟悉不同国家的文化。

四是准确原则。商务广告最主要的一个功能就是在对商品进行全面介绍的基础上扩大其传播范围，从而激发消费者的购买欲望，促进其购买行为。所以从这里可以看出，要想实现商务广告的这一功能，先要做到译文"准确"，译者必须关注译文的准确性。鉴于译文准确性对广告信息传达的重要性，一旦译者对源语文本的理解出现偏差，导致译入语信息的错误，将削弱甚至完全丧失广告原有的宣传效果。因此，在进行商务广告翻译时，译者应首先进行产品调研，全面了解产品相关信息，以此为基础进行翻译，从而确保译文的准确性和有效性。

五是易记原则。商务广告就是要让更多人了解广告中宣传的产品，提高产品的知名度，因此其需要达到"易记"的效果。在进行商务广告翻译时，译者要保证译文的通俗易懂、生动，这样消费者可以对产品产生共鸣，同时也会在一定程度上激发他们对产品的联想，这样的广告必然会使人印象深刻。例如，"Eat fresh"是一条快餐店广告，该广告非常简洁，但又极为生动，直接道出了快餐店可以让消费者吃到最新鲜食物的主题。

六是委婉原则。在人类社会发展进程中出现了许多语言现象，委婉语就是其中之一，它的出现有效改善了复杂的社会人际关系，让社会呈现出一派祥和。

委婉语不仅在日常生活中被普遍使用，商务广告中的委婉语的使用频率也很高。因为有些广告如果讲解产品太直白，很可能会引起消费者的反感，因此，利用委婉语可以有效降低反感的程度。在翻译那些被视为"敏感"的广告内容时，译者必须充分考虑到广告商的商业利益。译者应在本民族语言的表达习惯和文化的丰富性基础上，巧妙地运用委婉语。通过这样的翻译策略，不仅能够促进受众与产品之间的有效沟通，还能够减轻产品的敏感性，实现广告信息的委婉表达。

第三，商务广告翻译的方法。广告语的功能和作用十分强大，它不仅具有较强的经济效益功能，还有一定的文化、宣传和审美的功能。因此译者在翻译广告语时要灵活地采用各种不同的翻译策略。

一是直译法。直译是译者在进行具体翻译时考虑到原文的形式与内容，采用和原文内容以及风格相对应的方式翻译，这种翻译方法能够使译文更加符合原文，使读者能够充分了解其他国家的文化和历史等。

例1: Share a Coke.——Coca-Cola

译文：分享一瓶可乐。 ——可口可乐公司

例2: Think different.——Apple

译文：非同凡响。 ——苹果公司

然而，虽然直译具有对原文忠实程度很高的优点，但是这样的译文大多听来枯燥，缺乏广告语应有的灵气、流畅性和可读性，很难打动观众。此外，这样的译法还有可能在两国文化有较大差异的情况下，导致消费者的不良印象并产生对产品的排斥心理。

二是意译法。不与原文在形式上保持一致，而是译者在充分理解原文的基础上结合广告受众的心理以及文化习惯等进行翻译，这种翻译的方法更加灵活，需要译者具备较高的翻译技巧，因而意译的作品语言更加优美，更加易于读者理解。

例1：Just do it.——Nike

译文：想做就做。——耐克

例2：For a moment, nothing matters.——Starbucks

译文：星巴克一刻，浓情尽释 ——星巴克

这些译文表面和原文不完全对应，细读之下译者并不曾增加或删减原文的内容，但其翻译不失原文精髓。

三是创译法。根据创译的原因，可以将其划分为两大类别：强制性创译和选择性创译。通常情况下，强制性创译是指在目的语中缺乏与原文相同或相似的表达，因此必须通过创造性翻译来解决这种语言表达上的不对应。例如，在李善兰和英国传教士A.韦廉臣所著的《植物学》中，有很多词汇是汉语表达中没有的，因而李善兰就在这本著作中创译出了很多新的名词，如"植物学"等。随着越来越多的人学习和认可这本著作，就会有越来越多的人熟悉并认可这种固定的词汇搭配。需要强调的是，选择性创译并不是译者要翻译出新的词汇，它只不过是一种特殊的翻译手段。具体而言，当在翻译广告时，译者发现原文的广告语言平淡，没有吸引力，这时就可以适当地采用选择性创译的方式来翻译原文广告，从而吸引读者的注意力，并赋予广告语新的内涵等。

例1：北京欢迎你。

译文：We are ready.

普通人可能会认为"北京欢迎你"翻译成"Welcome to Beijing"是极其恰当的，但是此处进行了创造性翻译，将其翻译成"We are ready"，突出了中国人民对奥运会所做的工作不只是简单的迎来送往，而是在物质、安全乃至环境方面都投入了巨大成本，使国内外宾客放心而来。此外，简单的翻译读来朗朗上口、简单易记。实践证明该句广告在奥运期间广为传播，使用效果良好。

例2：Things go better with Coca-cola.——Coca-cola

译文：饮可口可乐，万事如意。——可口可乐

例3：Intel Pentium: Intel Inside.——Intel Pentium

译文：给电脑一颗奔腾的"芯"。——英特尔奔腾处理器

通过上述分析可以发现，有些译文补充了相关信息，有些译文则删除了一些信息，甚至更改了部分语句，这使得新的译文框架已经不再与原文一一对应，它是译者重新创造的产物。这里的创造是从广告英语的特殊性出发的，这样的创造能让翻译彻底摆脱形式上的束缚，追求内在精神的统一。从读者的角度来看，这种译文也是成功的，能被读者接受。

四是零译法。零译法与简单的省略翻译有本质区别,它反映了随着时代变迁,人们的交流观念发生了现代化转变。在经济全球化不断深化的背景下,国际经济交往日益频繁,随之而来的是文化交流的增加。人们逐渐熟悉并接受了不同文化的符号和表达,这为零翻译技术的出现和应用奠定了坚实的基础。零翻译的发展经历了几个不同的阶段,即音译和移植阶段。严格来说,零翻译就是一种对移植的翻译形式的选择。换言之,在翻译过程中,译者不对外文符号进行处理,而是将其直接应用在译文中。在全球化背景下,移植不仅加强了各国之间的文化交流,还让各国逐渐意识到不同国家的文化都是可以互相补充发展的。在商品品牌翻译中也存在许多零译现象,如我们非常熟悉的"LG"。

五是套译法。所谓套译法就是指译者在充分熟悉和理解原文的基础上采用某种固定的模式来翻译原文,它翻译的前提就是译者要准确表达出原文的意思。简言之,套译法就是指译者在翻译的过程中采用模板进行翻译。套译法具有很多优点,它不仅能够使译文读起来朗朗上口,更重要的是,因为译文符合目的语读者的阅读习惯,所以它还能让读者乐于阅读译文内容,并记住所阅读的内容。通过套译法翻译出来的译文能强化读者的记忆,所以在广告翻译中的应用比较普遍。

例1: Apple thinks different.——Apple

译文:苹果电脑,非同凡想。——苹果电脑

上述例句中原文的意思是"苹果和其他人的思维模式不同",而译文则重点突出"想"这个字,使人们看到了苹果的优势及其与众不同之处。

例2: Kids can't wait.——Apple

译文:不尝不知道,苹果真奇妙。——苹果公司

(4)商标的翻译。随着世界一体化的不断推进,我国与世界各国之间的联系变得日益密切,中国也有很多优质的产品在世界范围内广受欢迎,在这个过程中,商标发挥了重要的作用。商标可以起到很好地宣传产品或者服务的功能,它能够加深消费者对产品的印象和好感,这要求译者在翻译商标时要综合考虑各项因素,不仅要考虑商标本身的价值及意义,还要考虑产品或者服务使用者的心理及消费习惯。商标翻译的常见方法如下。

第一,符合目标市场的文化特点。不同国家的人拥有不同的文化背景及消费习惯,同时他们对事物的理解程度也是不同的。1921年创立的"白象"牌电池在推出国外市场时,曾命名为"White Elephant Battery",不料其销量极差。公司经过调查才发现,原来"白象"在英语国家中的意思并不好,指一些比较累赘而且非常昂贵的大东西,由于西方文化中并不认同白象的汉语意思,所以西方人也不认同白象电池。译者在进行商标翻译时,不能单纯地依靠自己的主观臆断,而是应该从目标市

场的文化出发，考虑译文是否符合目标市场文化，这样商标的翻译才具备合理性，才能帮助企业创造较大的经济效益。

第二，符合目标消费者的审美情趣。我们在表达美好祝愿的时候，经常会用到"福"这个字，不管是"幸福""福气""福字"等都表达着一种美好的寓意，在珠宝领域，人们也喜欢用"福"字。例如，中国珠宝品牌"金六福""周大福"等。而西方具有很多神话，西方人非常崇尚这些神，所以一些珠宝品牌就用神的名字命名，"Pandora"（潘多拉）就是最具代表性的例子。

第三，符合目标市场的表达习惯。在价值蕴含与数字表达上，东西方也有着显著的差异。例如，东西方对同一个数字"13"的理解就有着明显不同，在西方人看来，"13"是一个非常不好的数字，非常不吉利，这是因为耶稣就是被他的第十三位徒弟出卖而死的，所以西方人都非常忌讳这个数字，但是在中国的文化中，这个词没有其他额外含义，王守义十三香中就有"十三"这个词，它仅代表了这种调料中含有的成分是多种多样的，如果想让这个产品打开西方市场，就不能翻译出"十三"的意思，而应该翻译为"Shi San Xiang"。

（5）商务信函的翻译。在商务环境中，不同企业之间进行业务交流和情感沟通时，常常依赖于各类商务信函。这类信函不仅作为商务沟通的媒介发挥着传递信息的作用，同时也具有传播商业文化的功能。

如果通过商务信函对交易的内容和条款达成协议后，以此制定的相应合同中的条款就不能再做改变；如果交易双方因为某些问题出现了纠纷，则需要检查双方所有往来的信件，以明确纠纷的原因与责任方。所以，从这个方面来讲，商务信函还是纠纷的证据。商务信函通常一事一信，以便管理，避免混淆。

第一，商务信函的格式分析。了解商务信函的格式，是书写商务信函的第一步，翻译人员也有必要了解该项知识，一般而言，商务信函的格式主要有三种：齐头式要求信件格式的对应性，便于打字，不易出错，美国人采用较多；缩进式要求信内地址各行依次向右缩进，正文各段落首词向右缩进5个字母，签名部分顺次靠右，其优点是各部分信息清晰，易于阅读，英国人采用较多；改良齐头式则是结合了齐头式和缩进式两者的优点。但是，不论是怎样的格式，不同的部分都以空行的方式隔开。

第二，商务信函的要素组成。

一是信头部分。

首先，信头部分要有发信人的地址。如使用公司印好的信笺纸，公司的名称、地址、电话号码、邮箱、传真等信息都是现成的。若要自己书写，则应该按照规定的顺序，这个顺序为门牌号码—街道—城市—国名。如果与自己非常熟悉的人联系，地址就可以省略。

其次，日期。

美式写法：月／日／年，例如，"November12，2015"。

英式写法：日／月／年，例如，"12th November，2015"。

注意，不要全部用数字来书写日期。

最后，参考文号。文号或编号的作用是将前一封信件与该回复联系起来，确保信件准确地送达相关部门和人员手中。在信头的下方，信内地址的上方，一般都会留有 Ref No. 的空位。

二是开头部分。

首先，收件人、地址。收件人地址包括的内容非常丰富，有收件人姓名、公司名称、城市名、邮政编码等，不过，这并不意味着所有的内容都必须写上，书写者可以根据具体的情况自行选择。例如：

Mr J.Trump

Production Manager

Vice Power Inc.

其次，经办人（Attention line；ATTN）。如果收件人地址上已写明，就不用加写这一行。此外，Attention 的对象应与信封上的收信人相同。

最后，称谓。即写信人对收信人的称呼。不知对方的性别，那就写"Ladies and Gentlemen"或"Dear Sir or Madam"。

三是正文部分。

首先，信函的称谓下面可以加上一行"主旨"，作为信件的标题。加上主旨有助于读者立刻了解信件的主题。主旨必须简明扼要，让人一目了然。主旨的写法有以下几种。

Re: Information Technologies Conference

Subject: Information Technologies Conference

SUBJECT: Information Technologies Conference

其次，信件正文。信件由很多要素组成，信件正文是信件最主要的内容，包括开头语、正文、结束语等。书写时要注意将信息有效地呈现给对方。

四是结尾部分。信件的结尾部分一般包括结尾敬辞、亲笔签名、公司或职位、鉴别符号、附件、抄送、附言等。

结尾敬辞（Complimentary Close）：需要在结尾处的敬辞后面加上逗号，同时敬辞的第一个字母必须大写。需要指出的是，还有一种收件人姓名不明确的情况，这时书写者就可以采取以下格式：Dear Sir/Madam. 如果知道收件人的姓名，则可以使用以下格式：Yours sincerely/Yours truly.

亲笔签名（Hand-written signature）：采用亲笔签名一是为了表明信件的执笔者愿意为信件的内容承担责任，二是为了防止他人冒名顶替。

公司或职位（打字），即 Title（typed）：如果以公司的名义签署信件，则应先打上公司的名称，用大写字母，再由公司授权人签名，再打上其头衔。如果公司没有授权该人签署信函，则在名字前加 By 或 Per，或者在公司名称前加 For。

鉴别符号（写信人和打字者的姓名缩写）：如果打字者与执笔人并不是同一人，就应该取其姓名的首字母进行缩写。

附件（Enclosure; Enc.; Encl.）：如果只有一个附件就可以用 Encl. 来表示；如果有多个附件，则用以下表示方式：Enclosures（3）；Enc.（3）。

抄送（Carbon Copy; C.C.）：若信件要送给收件人之外的其他人，则将该人姓名或部门写在后面。

附言（Postscript; PS.）：补充叙述附加项目时可以使用，但有时是为了要提醒对方注意。附言部分一般放在 C.C. 的后面。没有特别需要补充和提醒注意的项目时，应尽量避免使用。

通过分析以上商务信函的基本要素，可以看出收件人地址、寄件人地址、称呼、签名等都是必不可少的要素，其他的部分则应该根据具体的情况来进行，一般而言收件人和寄件人的地址都应该写在信封上。

第三，商务信函的语言特点。商务英语信函与一般书信有共性，但由于其又具有一定的特殊性，因而从性质上来说，它又兼具公务文与法律文书的特点。用词上多使用书面语、专业词汇及缩略词；句式上具有严密准确、礼貌体谅等特征，在语言结构上多使用结构复杂完整的长句、被动句及礼貌委婉的句式等，语言表达程式化。

一是商务英语信函的词汇特征。

首先，多用专业词汇。商务活动是比较正式的活动，这使得商务英语也非常正式，所以它的专业性非常强，对于词汇的选择要求极高，要求词汇的使用要尽可能精确。因此商务英语中充斥着大量专业词汇，并且这些词汇在具体的商务语境中还存在不少特殊的用法。由于商务信函是对外的，它具有涉外性质，因此要求专业术语的意思必须固定，只有这样才能保证所有人都清楚词汇的含义。例如，coverage 在商务英语中是"险别"的意思，而 premium 在商务英语中则是"保险费"的意思。

例：In addition to the liability covered the aforesaid total loss and with average insurance, this company shall also be liable for the total, or partial loss of the insured good sca used by shortage, shortage in weight, leakage, breakage, hook, rainwater, rust, wetting, heating, mould, tainting by odor, contamination, etc.arising from external causes on the coursef transit.

译文：本公司除了承担全损险和水渍险的责任，还会对被保险货物在运输中由于受客观因素影响而造成的全部或部分损失也会负有赔偿责任，这些损失通常包括短少、短量、渗漏、破损、钩损、雨淋、生锈、受潮、受热、发霉、串味、玷污等。

在外贸实务中，货物通过海上运输时，可能遭受各类海上损失（Average at Sea），或因意外事件而受到损害。为了应对这种风险，买卖双方通常会购置运输保险。在此背景下，所谓的 total loss（全损）是海上损失的一种类型，与之相对的是 partial loss（部分损失）。此外，with average（水渍险）是指涵盖单独海损的保险条款。因此，译者在日常生活中应当努力积累和补充与国际贸易实务相关的知识。

英文里有些普通词汇在商务交流中有了专业词义，例如，"draft"一词在一般英语中的意思为"草稿"，而在商务英语中，其意思为"汇票"；"ceiling"一词在一般英语中的意思为"天花板"，而在商务英语中，其意思为"最高费用"，这些普通的英语词汇在商务英语中就展现了其专业术语的属性，因此，为了更好地进行商务英语翻译，译者在日常学习生活中要注意积累这些专业术语。翻译时，通过分析上下文，确定词语的正确含义，按照约定俗成的译法，一定要做到专业规范。

其次，大量使用缩略词。

例：In view of the amount of this transaction being very small, we are prepared to accept payment by D/P at sight（at 60 days sight）for the value of the goods shipped.

译文：因为这笔交易的金额并不大，因此，我们可接受使用即期付款交单的方式来支付货款，也可以接受60天的远期付款交单的方式。

D/P在商务英语中是一个专业术语，它是"documents against payment"的缩写，表示的意思为"付款交单"，这是国际上普遍认可的一种支付方式。这种方式具体的操作程序为：当所有的票款付清之后，单据交给付款人，这种方式在商务经济活动中经常使用，因为它有效地维护了卖方利益，降低了卖方的风险。

再次，多用书面语。在商务活动的每一个环节都会用到商务信函，商务信函具有严谨性、严肃性，它具有法律文体和公文文体的双重特性。所以，在词汇的选择上，一般不使用口语词汇和一些基本词汇，多用书面语词汇代替它们。例如，可以用dispatch代替send。另外，经常使用短语将一些比较简单的介词与连词替代下来，这样就增加了句式的严谨性。

例：We are pleased to inform you that your order No.228 has been dispatched in accordance with your instruction.

译文：我方非常高兴地通知你方：第228号订单货物已经按照你方的具体指示

发出了。

句中使用 inform 替代 tell，dispatch 替代 send，in accordance with 替代 by，用词非常正式。

最后，多采用礼貌、委婉语。商务活动开展的目的就是要实现商务合作，使交易双方都能达成自己的利益目标，所以他们会利用商务信函来增进商务关系。同时，交易双方一定要注重信函的语气，语气要委婉，这样才能营造一个和谐的合作氛围，增进彼此的情感。即使是在人们日常的生活交流中，礼貌性用语都会让人心情舒畅，因此对于企业而言，在商务信函中保持足够的礼貌是有利于企业形象的树立与维护的。更重要的是，良好的企业形象还能促进贸易关系的快速建立以及后续的持续发展。

在商务信函中，委婉语的应用较为频繁。一方面，采用委婉语能够以十分微妙的方式婉拒对方的不合理要求，避免导致双方关系紧张；另一方面，它有助于维护乃至加强双方的贸易伙伴关系。因此，在撰写商务信函时，双方应注重措辞的礼貌与委婉，以确保彼此均能感知到合作意向的真挚，进而促进商务合作的顺畅进行。

首先，使用礼貌客气的措辞。商务信函写作中的礼貌词汇与句式是其最基本的内容，比较常见的词汇与句式有 Thank you for...，We regret to...，We are very sorry to...。

例：Your prompt response is much appreciated, and we thank you for your patience and cooperation.

译文：您的回复对我们非常重要，感谢您的耐心与配合。

其次，多用情态动词。表达委婉、礼貌的语气，最常用的实现方法就是使用情态动词，因此商务英语信函中存在大量的情态动词。不同的情态动词可以表示不同的语气，既可以表示意愿、承诺，也可以表示预测、能力等。would 可以表示一种礼貌委婉的语气，因此在商务信函中使用 would 可以规避一些不必要的摩擦，也能实现双方的互惠互利。

例：We would greatly appreciate it if you could send us the required documents by the end of this week.

译文：如果您能在本周末之前将所需的文件寄给我们，我们将不胜感激。

二是商务英语信函的句法特征。

首先，多用陈述句。商务英语信函的双方是在同一种经济活动中存在的贸易伙伴，二者从地位上而言是平等的，当一方想要另一方做出某些改变时，其通常会用陈述句来表达。例如，"We have received your order and it will be processed within 5 business days."（我们已收到您的订单，并将在 5 个工作日内处理）。在商务英语信函中，陈述句的使用非常普遍，它一般会呈现两方面的内容：一是单纯地论述一个事实，如"The delivery date has been postponed to next Monday."（交货日期已推迟到下周一。）二是表达写信人自己的看法，如"We believe that this proposal will benefit both parties."（我们相信这一提案将使双方受益。）

此外，陈述句在商务英语信函中的重要性还体现在不少商务文件中，它都广泛存在，如投诉、报盘、招标合同等。其次，适当使用祈使句。在商务信函中还可以使用祈使句，因其不仅能表示请求，也有劝告与命令等意思，祈使句的使用能提高对方的接受度。在商务信函中使用陈述句来向对方提出要求，可能会使对方的接受意愿变差，因为陈述句总是会给人一种直接、生硬的感觉，这时就可以用以"Please"开头的祈使句，这样既可以让表述变得非常简洁，而且也显得更有礼貌。

在商务信函的撰写中，写信人不仅可以借助祈使句来提出建议或要求，亦可采用疑问句形式进行表达。在礼貌性层面上，疑问句通常比祈使句表现出更高的礼貌程度。因此，从应用频率来看，疑问句在商务信函中的使用频率往往高于祈使句。尽管感叹句能够通过增强语气来强化表达效果，鉴于商务信函要求语言的严谨性和客观性，感叹句在商务信函中的使用并不普遍。

再次，多用复合句。商务信函主要是为了最后的合同签订而进行提前的沟通，所以商务信函涉及的内容非常多，又力求细节，这也要求商务信函必须格式规范、措辞严谨。复合句和并列句则能保证格式的规范以及措辞的严谨，所以在商务信函中经常被使用。

例：Though the price we offer this time is 2 percent higher than that of last time, we hope you can see that these are as low as we can offer considering the constantly rising prices of raw materials.

译文：尽管这次我方报价比上次高2%，考虑到原材料价格不断上涨，我们希望你方能理解这是我们的最低价。

复合句与简单句有着显著的差异，从结构层面上说，复杂句的结构相对要复杂一些，通常用于表达一些比较严谨的内容；而简单句的结构相对较为简单，往往会用它来表达一些简洁的内容。

但是，我们切不可有这样一个错误的认知，认为商务信函追求的是复杂句，句式越复杂，信函写的质量就越高。实际上，复杂句与简单句在商务信函中是同时存在的。在商务信函中，也需要使用简单句，只有将复合句与简单句相结合才能让商务信函的书写更为合理、规范。

最后，适当使用虚拟语气。虚拟语气可以表达不同的内容，因此被写商务英语信函的人经常使用，它不仅可以表达假设、愿望，还能够表达请求与建议。商务英语信函中有很多可以表达虚拟语气的词汇，一般常用的主要有wish、could等，这些词汇在积极引导虚拟语气的同时，也表达出了一种委婉的请求。所以，在商务英语信函中使用虚拟语气是必要的，它有利于促进业务的商谈。

例：It would be greatly appreciated if you could provide us with regular updates on the progress of the project.

译文：如果您能定期向我们提供项目进度的更新，我们将不胜感激。

此外，巧用疑问句。疑问句通常是从听话人的角度发出的，由于其能够展现出向对方征求意见的口吻，因此会比直接命令或要求更加有礼貌、委婉，而且这种疑问句不仅可以将说话人想要表达的意思完整叙述出来，还能给听话人留下表达的空间。

一般情况下，疑问句中运用的不同词汇或者短语结构会有不同的表达效果，如"Could you...?"表示说话人在请求或者询问对方，而"Might you...?"相对而言就比较礼貌一些，对方听了之后就会感觉非常舒服。

第四，商务信函的翻译标准。商务信函的功能主要体现在两个方面：一是传递信息，二是宣传。基于这两个功能，在制定翻译标准时要做到以下几个方面。

一是在书写信函时要绝对按照信函的标准进行。如果想要按照信函的格式规范进行书写，并能表现出一定的礼貌，这就要求书写者既要了解英语这门语言，同时还要了解语言背后的西方文化。

二是在书写时要遵循广告营销标准。通常情况下，为了能使产品被对方认可，一些商务英语信函中会添加些许广告，这些广告能帮助双方建立长久的合作关系。所以，译者在保证遵循信函标准的基础上，需要清楚地了解一些广告营销的标准，以便书写时可以使广告营销效果最大化，促使交易另一方有十分强烈的商务合作意愿。

第五，商务信函翻译的原则。

一是严谨性。商务英语信函必须遵守的一个原则就是严谨性原则，这是因为商务活动极其复杂，因而商务信函中所书写的内容恰恰都反映商务活动的各个环节，与商务活动各方有着密切的联系，一旦出现错误，就会造成各方争议，严重的甚至会使各方在经济上产生纠葛和麻烦。例如，商务信函中列出的数字与日期要绝对准确，当表示日期的前一天为合同彻底结束的时间时可以选择使用"before"这个词。此外，为了让商务信函显得非常庄重、严谨，在翻译时也要注意选择合适的词汇，如可以选择"hereafter""hereof"等词。

二是礼貌性。在商务活动中，保持适当的礼貌至关重要，这种礼貌不仅需要在面对面的沟通中体现，还应当贯穿于日常的书面交流之中。因此，商务英语信函的翻译亦应遵循礼貌性原则。双方应坚持"和气生财"的理念，确保在保持礼貌的基础上，商务活动能够顺利进行且使人心情愉悦。

在对上述情况的认知之下，商务信函翻译人员一定要将这种礼貌意图完全展现出来，从而使双方可以了解对方在贸易达成上的期望，并最终实现双方在情感上的交流。例如，"You will be able to receive a full refund of deposit if you return the good within a week"这句话，如果译者遵循礼貌原则，就可以将这句话翻译成"如果贵方能够在一周之内就退货的话，那么就可以获得全部的定金退款"，这种翻译首先从语气上表现出了一种肯定与礼貌，这会让对方感觉自己是受益的一方，因此，该句是一个成功的翻译。

三是专业性。商务英语信函翻译涉及众多商务环节，因此需使用的专业术语也颇多。这给译者的翻译提出了较高的要求，不仅要求译者需要对商务英语信函翻译中经常使用的专业术语做到全面掌握，在翻译时还能以一种恰当的方式表述出来。例如，"beneficiaries"这个词，其实是一个法律意义上的词语，其意思为"受益人"，这种翻译是非常规范的，如果翻译成别的，就显得不那么专业了，也不符合商务信函的文体特征。

第六，商务信函的翻译方法。

一是术语翻译规范。商务活动是一种极为复杂的活动，因此商务信函在描述商务活动的各个环节时并不容易，它涉及许多内容，不仅涉及各种各样的单据，还涉及各种各样的协议与合同等，从这个层面上来说，将不可避免地涉及商业与贸易领域的术语。

二是翻译要贴切地再现原文的语气。因为商务信函是一种公函语体，因此在词汇、句式选择上要格外严谨，语气上也要更加委婉，需要传递出一种礼貌的氛围。因此对于商务信函的翻译而言，其不仅要保证翻译内容的准确性、翻译语句的流畅性，还需保证译文要符合商务信函的特征。因此，在商务信函写作中，礼貌用语和客气措辞就会被非常频繁地使用到。一方面，使用礼貌的语言和得体的措辞能够给对方留下良好的印象，营造出和谐的交流氛围；另一方面，公司形象对于公司的长远发展是非常重要的，因此在商务信函中保持足够的礼貌有利于给贸易伙伴留下好印象，从而有益于贸易的达成，有利于企业形象的建构。

需要注意的是，在商务信函的翻译过程中，部分内容可以适当地遵循目标语言的习惯，以确保目标语言读者能够流畅地阅读信函，并恰当地传达原信函中的礼貌语气。然而，这种适应并非无条件，而应有所选择，通常涉及感谢、道歉等表达，以及那些已在经贸活动中广泛应用的行业术语。

第七，商务信函翻译的策略。为了进一步验证基于语用学原理的商务英语信函翻译原则的合理性，译者在翻译过程中，还需要格外重视以下翻译策略。

一是准确对等地传达语义信息。从语用学视角进行商务英语信函翻译活动，首先需要做到的就是保证语义信息的准确对等，这样译者才能将原文的信息准确地传递给译入方读者，也才能实现双方的准确沟通与交流。一般而言，原文与译入语的信息准确对等包括以下几方面的内容。

首先，在翻译过程中遇到专业术语时，译者切不可随意处理，要遵循一定的翻译原则再进行翻译，倘若译者无法独立做到正确的翻译，其可以查阅一些专业数据，例如，"shipping advice"如果用在与航运业务有关的商务信函中，就会有其对应的意思，表明它是一个专业性极强的术语，译者如果无法对这些专业术语有足够的了解，那么极有可能将这个词语翻译成"装运建议"，这就造成了一个错误的翻译，同时也影响了阅读与理解。

其次，对于商务英语信函中的一些重要信息细节，翻译时必须做到绝对的准确，如日期、货品数量等，一旦出现错误，就会引起很多麻烦，严重的甚至会出现经济纠纷，需要付诸法律途径来解决。

最后，在选择词语时一定要注意歧义问题。商务英语信函中的词语意思与日常所用词语的意思有着明显的差别，例如，We would like to confirm our acceptance of your purchase order. "purchase order"在商务英语中特指买卖双方之间签订的一种具有法律约束力的文件，用于确认买方购买商品或服务的意向和条件。而在一般语境中，"purchase order"可能会被理解为一种较为宽泛的"购买要求"或"购买意愿"。因此，在翻译过程中，如果直接将"purchase order"翻译为"购买要求"，可能会导致接收方误解为仅仅是一种意向或请求，而非具有法律约束力的正式文件。这种误解容易引发后续的交易纠纷或法律问题。为了避免此类歧义，译者在翻译商务英语信函时应深入了解每个词语在商务环境中的特定含义，并选择准确的译文来传达原文的意思。

二是语言差异的注意与规避。英汉两种语言形成的背景不同，所处的文化环境也不同，因此二者呈现出显著的差异，在具体翻译过程中，译者应该以语用学的基本原理为指导，对英汉语言的特点进行转换，这样就能实现更好的翻译效果。例如，英汉两种语言在表达语序上存在差异，英语的叙述特点为先总结再叙述，而汉语则是先叙述再总结，这是中西方思维方式的不同导致的。

此外，英语句子在表述时也呈现出不同的特点，英语的句子一般都是句首相对比较封闭，而句尾则较为开放，这明显与汉语句子表达不一样。

在语法方面，英语和汉语之间存在诸多差异。例如，英语倾向于使用被动语态，而汉语则偏好无主句结构。这些差异仅仅是英汉语言差异的冰山一角。在进行商务英语信函翻译时，译者应当在全面理解英汉语法差异的基础上，从语用学的视角出发，进行精准翻译。

三是文化差异的认知与调整。由于语言是在一定文化土壤中孕育的，所以我们了解语言还需要熟知其背后的文化背景知识。而从事商务英语信函翻译工作的相关人员其实也是在参与一种文化活动，因此也就成了中西方文化交流的媒介，所以必须对英汉两种语言与文化有足够的了解，如此才能使翻译变得更为顺畅、合理、规范。

首先，英汉两种语言在表述人名时差异明显，英语是先名后姓，而汉语则是先姓后名。因此，译者在翻译商务英语信函时，必须注意两种语言表述的差异，注意人名翻译的顺序。

其次，英汉两种语言在表述地名时有所不同，由于地名与贸易各方所处的位置有关，因此，在进行翻译时，译者必须慎重，遇到一些特殊情况，如大地名与小地名连用时，英汉两种语言的语序要保证准确。英语的顺序是由小到大，而汉语的顺序则是由大到小，这种地名翻译顺序至关重要，一旦翻译错误，就可能带来很大的麻烦。

最后，公司名的翻译在商务英语信函翻译中也很重要。公司的类别不同，其在翻译时选用的词汇也就不同。一般而言，代理公司用的是"Agency"，服务型公司用的是"Service"，而到了具体的公司名称中，也会包括一些共性词汇，如"joint""integrated"等。不过，需要特别指出的是，在共性之外还是有细微差异存在的，这些细微差异才是公司名称翻译成败的关键，需要译者格外注意。

随着全球化进程的不断推进，国际贸易也随之繁荣发展起来，而商务英语信函在其中扮演了重要的角色。它内容丰富，不仅包括了大量的商务词汇、专业术语，还包括各种固定表达等，正是这些内容将浓厚的商业氛围凸显出来。因此，为了进一步丰富商务英语翻译的理论知识，推动国际贸易的发展，我们可以从语用学的视角出发，对商务英语信函翻译进行深入探究。

第八，商务信函翻译的美学运用。

一是文化差异的融合。中西方文化有着天壤之别，所以商务英语信函翻译必须格外重视这种差异性，以确保翻译的准确性。另外，如果需要在信函中添加广告，要注意中西方的广告文化。西方广告文化比较开放，这就要求译者注意结合中国文化对广告进行恰当的翻译，以提高中国人的接受度。

不同内容的信函需采用不同的翻译策略。例如，在双方合作意愿强烈的情况下，译者应选择恰当的词汇和句式来传达这种意愿，同时要考虑到对方的文化习俗。如此翻译出的文本不仅能够契合对方的审美偏好，而且更具有说服力，进而促使对方展现出强烈的合作意愿。

二是突出重点。首先，人们在阅读信函时往往都是看一下大概，然后直奔重点内容，所以在书写信函时必须考虑到这一问题，尽量避免使用复杂的句式，行文力求简洁。对于重点内容，可以在标题或者正文的开头处直接表述出来。这样做的目的就是使看信函的人能立刻抓住重点，提起对信函的兴趣。另外，信函中难免会包括一些直接的诉求，因此，在表达这部分内容时一定要注意措辞，以免使看信函的人心怀不满。而在书写重点内容时可以使用些创新的方式。这样的方式，一方面，可以体现出语言的独特风格；另一方面，能让读者一目了然，更容易理解信函的内容。其次，商务信函在表达意愿时通常会使用比较长的句子，这一点尤其体现在由汉字书写的信函中。因此，译者可以对原文中冗长的句子进行拆分，拆分成几个短句之后就能更好地翻译，而且拆分后的短句可以进一步凸显信函的重点内容，方便阅读。最后，译者要合理使用翻译技巧与策略，在翻译时如果无法将原文的意思用本族语表现出来，就可适当添加一些内容以补充信函的意思。

三是措辞优美。中西方语言中都存在一种特殊的文体——文言体。在书写信函的具体内容时，译者可以使用文言体，因为文言体更能体现出语言的优美性。所以，译者需要扎实地掌握英语与汉语的文言体，将其灵活运用在翻译过程中，这样既保证了信函的简洁，又使信函读起来优美生动。

四是运用模糊语。信函不仅能将合作的意愿表达出来，而且还有交流的作用。所以，原文本中总是会有一部分与商务合作无关的增进感情的内容。译者可以对文本进行模糊化处理，但是需要满足两个条件：一个是要以正确的翻译理论为指导；另一个是要征得原作者的同意。例如，在表达"较多"的含义时，译者没有必要将具体的数字描述出来，无关数字过多会使文本看起来复杂，同时还增加了读者阅读的障碍。所以这种情况下可以用模糊语，如用"much""many"等词语代替。

随着中国对外贸易体量逐渐增大，中国社会越来越需要大量的、高质量的商务英语翻译人才。商务英语翻译除了要遵循基本的规范，还应保留一定的美学价值，这也能够间接促进商务合作伙伴之间的友好交流。因此，在进行商务英语信函翻译时，译者也应该注意这一问题，在表达尊重与礼貌的同时，展现出商务英语信函的美学价值。总之，措辞优美且能灵活使用模糊语，是保证商务活动顺利开展的前提。

（二）文化功能视角下的科技英语翻译

1. 科技英语翻译的主要类型

在科技迅速发展的时代背景下，科技英语已经发展成为一种独立且至关重要的英语语言文体。它与新闻英语、学术论述、公务英语、描述性英语、叙事性英语及应用性英语共同构成了当代英语教学与使用中被普遍认可的七大主要文体类别。特别是自20世纪70年代起，科技英语的重要性日益凸显，引起了国际范围的广泛关注与深入研究。科技英语被越来越多地应用于书面和口头形式，涵盖了对科学或技术领域的论述与讨论。具体而言，科技英语可细分为五个子类别：一是科技著作类，包括科技论文、报告、实验报告及研究方案等；二是科技信息类，涉及各种科技领域的文献和资料；三是科技手册类，如仪器、机械、工具等设备的结构描述和操作指南；四是科技交流类，涉及科技议题讨论的会谈、会议和对话等语言运用；五是科技媒介类，如科技影片、录像等有声资料的解说文本。科技英语的多样化和专业化特点，使其成为国际学术交流和科技传播不可或缺的工具。

2.科技英语翻译的具体实践

（1）科技英语词汇翻译。了解和掌握科技英语的词汇和词法特征是非常重要的一项知识储备，因为我们目前缺乏较为完善的科技英语词典，而词典的编纂需要耗费大量的时间和精力，一般而言，一本词典从编写到出版需耗费约八年甚至更长的时间。然而在编写词典过程中，语言却没有停止发展。因此，任何描述现代语言的词典所标榜的"新"，只具有相对性，不可能做到绝对的"新"。即便后续编写了增补本，但与日新月异、一直都在变化发展的语言相比，词典语料库的更新永远具有"有限性"和"滞后性"。所以，需要从一般的构词规律和特征来判断和识别不熟悉的以及新出现的科技词汇。另外，随着新学科、新技术、新材料、新设备、新工艺的不断产生，新的科技词汇和新的科技术语大量涌现，其数量之多、速度之快，远非英语发展过程中的其他问题所能企及。以上种种原因，使目前的英汉科技词典，包括一些专业性很强的分类词典，已经很难全面满足科技英语的翻译之需，而且不少科技英语词典的质量也有待提高。所以，了解和掌握科技英语的词汇和词法特征以及主要的翻译方法，对于快速掌握科技专业词汇，准确理解词义，做好科技英语的翻译工作具有重要的现实意义。

（2）科技英语句法翻译。

第一，使用名词化结构。科技英语的一个重要句法特征，就是大量使用名词化结构。该结构在科技英语中主要有三个作用：①适合表达定义、定律、原理等抽象概念；②可以较少使用人称主语，体现科技概念的客观性；③有效简化叙事层次和结构，使行文更加直接、紧凑、简洁。

第二，使用长难复合句式。科技英语句法翻译中，长难复合句式的使用是非常普遍的，这主要源于科技英语的特性，即其需要精确、详尽地描述复杂的概念、过程和技术。这种句式结构的使用，可以使句子结构长而不乱，信息分布合理，有助于更准确地表达原文的含义，并保留原文的逻辑关系和层次结构，给人一气呵成的感觉。

第三，使用一般现在时。科技英语更倾向于多用动词的现在时，尤其多用动词的一般现在时，以描述通常发生或并无时间限制的自然现象、过程、常规等，或者表述科学定义、定理、方程式、公式的解说及图表的说明。但在叙述过去发生的事情时，则使用一般过去式。

第四，使用条件句式。一般条件句式由两个句子组成：表示假设条件的"if"从句在前，后面的主句则说明满足该条件时才会出现的推论或后续步骤；在做假设时，有时还要使用虚拟语气。

第五，使用后置定语。后置定语是指位于名词或代词之后的定语，常为形容词、副词、介词短语、非限定动词、同位语和定语从句等。科技英语的准确性和严密性使其频繁使用后置定语。这也在一定程度上造成了科技英语中复杂长句多的现象。尽管定语是句子的次要成分，但对后置定语的处理是影响译文质量的重要因素之一。

第三节　多元文化视域下的英语翻译教学研究

一、英语翻译教学中注重多元文化意识

(一)重视不同文化背景知识的传授

在英语翻译教学中，重视不同文化背景知识的传授是一个至关重要的方面。教师如果只从词汇、语法、句法等字面层次来教授翻译内容，而忽视从文化差异方面进行分析和判断，往往会导致学生学习翻译效果欠佳，尤其是对中西语言文化差异的问题，还会出现误解和误译。

以下是一些具体的实例，展示了如何在教学中融入不同文化背景知识，以增强翻译的精确度与本土化程度。

首先，我们来看一个与地名翻译有关的例子。在英语中，地名往往具有丰富的文化内涵和历史背景。例如，"White House"在中文中通常被翻译为"白宫"，这个翻译准确地传达了建筑物的颜色和功能。但如果教师进一步介绍美国的历史文化背景，学生就能更深入地理解"White House"作为美国总统官邸的特殊意义，从而在翻译中更准确地表述其文化内涵。

其次，词汇和习语翻译也是体现文化背景知识的重要方面。例如，"green hand"在英语中指的是新手或没有经验的人，而不是字面上的"绿手"。通过介绍这个习语的来源和背后的文化含义，教师可以帮助学生理解并准确翻译这类具有特定文化背景的词汇。

最后，句子和篇章翻译也需要充分考虑文化背景因素。比如，在翻译涉及宗教信仰、价值观念、社会习俗等方面的内容时，教师需要引导学生深入了解目标语言文化的特点，以避免因文化差异导致的误解或误译。例如，在英语中，"God bless you"常用于表示祝福的场景，而在某些文化中可能并不适用或不被接受。因此，在翻译这类句子时，需要考虑目标语言文化的接受度和表达习惯。

通过以上实例，我们可以看到在英语翻译教学中重视不同文化背景知识的传授对于提高学生翻译能力和跨文化交际能力的重要性。通过深入了解和掌握不同文化背景知识，学生可以更准确地理解原文的含义和风格，从而做出更恰当的翻译选择。同时，这也有助于培养学生的跨文化意识，使他们能够更好地适应全球化背景下的交流和合作。

(二) 进行不同文化差异对比

在英语翻译教学中，注重培养学生的多元文化意识并对比不同文化差异是至关重要的一环。通过引导学生理解和欣赏不同文化间的差异，可以帮助学生更准确地传达原文的意图，避免在翻译过程中出现误解或歧义。例如："举头望明月，低头思故乡"(李白《静夜思》)翻译为：Raising my head, I gaze at the bright moon; Bowing my head, I think of my far-off home.

这里的"明月"在中国文化中常用来表达思乡之情，是情感的寄托物。在英语翻译中，虽然"bright moon"直译了"明月"，但读者可能无法直接感受到其背后的文化意义。因此，有时需要加入解释性翻译或者注释来进一步说明。

(三) 进一步加强对本国语言和文化的学习

英语翻译教学的一个重要目的是文化的传递和交流，学生能将本国优秀的文化通过翻译介绍给世界，同时还能将世界各国的文化，通过准确的表达介绍给国人。例如，在旅游英语翻译中涉及大量的文化元素，如历史古迹、地方风俗、传统手工艺等。翻译者需要准确理解这些文化元素背后的含义和故事，才能将其准确地传达给外国游客。因此，加强对本国历史、文化、地理等方面的学习，对于提高旅游英语翻译的准确性和文化适应性至关重要。因此，在英语翻译教学中，教师应鼓励学生加强汉语表达能力，增强对中华文明的学习和认知，进一步培养学生对本国文化的认同感和自豪感。

二、英语翻译教学中注重跨文化意识

跨文化意识是指对不同文化背景下的思维方式、价值观念、社会习俗等方面的敏感度和理解力。在英语翻译中，由于涉及不同文化间的交流和转换，因此培养学生的跨文化意识是确保翻译质量和效果的关键。

第一，注重跨文化意识能够帮助学生更准确地理解原文。翻译不仅仅是语言的转换，更是文化的传递。只有深入理解原文所蕴含的文化内涵，才能准确传达其意义。通过培养学生的跨文化意识，他们可以更好地理解原文背后的文化背景，从而更准确地翻译出原文的含义。

第二，跨文化意识有助于避免文化误解和冲突。不同文化之间存在差异，包括思维方式、价值观念、社会习俗等。如果翻译者缺乏跨文化意识，很容易在翻译过程中出现误解或冲突，导致信息传递的失真。因此，通过培养学生的跨文化意识，可以帮助他们更好地理解和适应不同文化，从而减少翻译中的误解和冲突。

在英语翻译教学中，我们可以通过多种方式培养学生的跨文化意识，如设置文化专题讨论、引入不同文化背景的文本进行翻译练习、组织文化交流活动等。这些措施有助于学生更深入地了解不同文化，提高他们的跨文化交流能力，从而在英语翻译中更好地发挥他们的才能。

三、英语翻译教学中运用网络教学模式

从目前来看，我国的英语翻译教学仍沿用着传统的教学策略和教学工具。在科技、经济、生活发生巨大改变的今天，传统的教学策略与工具已经无法更好地提高学生的翻译水平。基于此，教师应积极主动地探索新的翻译教学策略与教学工具并身体力行。互联网是一种信息技术，是信息传播、整理、分析、搜寻的一种技术，其主要任务是传递信息。互联网中存储着海量的信息，且这些信息、资源的更新也非常及时。因此，在翻译教学中教师应充分发挥互联网的优势，将网络作为翻译课堂教学的补充，这样学生既可以实现由教师现场指导的实时同步学习，也可以实现在教学计划指导下的非实时自学，还可以实现通过使用电子邮件、网上讨论区、网络通话等手段进行小组合作型学习等。另外，由于翻译教学课堂的时间十分有限，所以教师还应在课下开展一些有益学生增加文化知识、提高翻译水平的活动，如要求学生阅读英文原版书刊，观看英文电影、电视，听英文广播等。

结束语

　　英语教学与多元文化的融合创新是适应新时代发展的必然选择。通过将多元文化纳入英语教学，创新教学方法和策略，培养学生的跨文化意识和交际能力，可以更好地促进学生的全面发展，使他们成为具有国际视野和跨文化交流能力的优秀人才。本书深入探讨英语教学与多元文化融合创新的重要性和必要性，通过对多元文化教育理念与英语教学的结合进行研究，揭示了如何将跨文化交际能力纳入英语教学的实践中，希望本书能够成为读者在英语教学和多元文化教育领域的重要参考资料。

参考文献

一、著作类

[1] 李雯，吴丹，付瑶. 跨文化视域中的英汉翻译研究 [M]. 长沙：湖南师范大学出版社，2018.

[2] 黄文静. 教海探航：多元文化视域下的高校英语教学研究 [M]. 北京：中国商业出版社，2022.

[3] 霍瑛. 多元文化视域下的大学英语教学 [M]. 长春：吉林人民出版社，2021.

[4] 杨雪飞. 多元文化视域下的大学英语教学研究 [M]. 北京：北京理工大学出版社，2019.

[5] 周婷. 大学英语翻译技巧与实践教程 [M]. 武汉：华中科技大学出版社，2017.

二、期刊类

[1] 边瑞瑞. 文化自信视角下高校英语教学中茶文化的导入 [J]. 福建茶叶，2023，45(3)：99-101.

[2] 陈慧. 文化对等视角下的大学英语翻译教学 [J]. 英语广场，2023(28)：99-102.

[3] 丛悦，王学敏. 情景教学法在高校外语阅读理解课堂教学中的应用 [J]. 辽宁省交通高等专科学校学报，2013，15(5)：76.

[4] 崔瑶. 功能翻译理论视角下的大学英语翻译教学 [J]. 英语广场，2024(2)：72-75.

[5] 冯成一. 谈大学生英语交际能力的培养 [J]. 教育探索，2008(1)：48.

[6] 解雅莲. 大学英语翻译教学中理论与技巧分析 [J]. 海外英语，2023(11)：97-99.

[7] 靳昭华，王立军. 输出驱动理论在高校听力教学中的应用 [J]. 中国市场，2015(28)：2.

[8] 赖晓葭. 多元文化视野下的大学英语教师专业发展 [J]. 教育与职业，2014(35)：102.

[9] 李冰.论高校英语口语教学质量的提升[J].黑龙江高教研究,2016(9):161.

[10] 李霓.混合式教学模式在高校英语词汇教学中运用[J].辽宁省交通高等专科学校学报,2023,25(6):86.

[11] 李婷.文化比较视角下的高校英语教学策略[J].黑龙江高教研究,2017(2):150-152.

[12] 李燕.新媒体赋能高校英语阅读教学体系建构研究[J].新闻研究导刊,2023,14(11):118.

[13] 刘芳.高校英语教学中茶学词汇的翻译特点及策略[J].福建茶叶,2017,39(11):215-216.

[14] 刘瑶.跨文化交际背景下大学英语翻译教学研究[J].产业与科技论坛,2023,22(10):218-219.

[15] 满静.高校英语"读写结合"课程可行性及其实施路径[J].英语广场(学术研究),2021(23):119.

[16] 牟英梅.新媒体辅助高校英语教学的优势及策略探索[J].中国报业,2016(4):34-35.

[17] 田田.大学英语教学中文化知识的导入[J].北方文学(中旬刊),2014(9):132-135.

[18] 王继微.大学英语课教学中知识内化机制的研究[J].赤子,2014(12):129-129.

[19] 王理."互联网+教育"背景下高校英语教学策略研究[J].教育理论与实践,2021,41(15):56-58.

[20] 王岩,赵江娜.大学英语教学中英语基础知识的教学回归[J].课程教育研究(新教师教学),2016(2):21-22.

[21] 徐玉书.新时期高校英语混合式教学模式构建与管理——评《课堂教学与管理艺术》[J].科技管理研究,2021,41(1):216.

[22] 严婷.文化自信背景下高校英语教学中茶文化渗透研究[J].福建茶叶,2022,44(10):111-113.

[23] 袁文娟.大学英语翻译教学策略研究[J].英语广场,2023(2):104-107.

[24] 张鸾.基于ESP的高校英语教学模式探索[J].教育理论与实践,2016,36(33):43-44.

[25] 张秀萍.大学英语情境教学:认知理据、实施原则与设计实践[J].大学教育科学,2017(6):64.

[26] 张在钊,靳松,孙秀果.互动策略与高校英语课堂教学[J].河北师范大学

学报（教育科学版），2011，13(6)：102-105.

[27] 赵沙娜. 论大学英语阅读教学中如何渗透文化背景知识[J]. 成功（教育版），2013(11)：26.

[28] 赵永刚. 移动互联网时代"英语写作"课程教学的困境与破解[J]. 宁波教育学院学报，2023，25(3)：63.